Die Liebe geht durch den Magen,
dies Rezept gilt an allen Tagen.

Gudrun Dietze

Meine Thüringer Küche

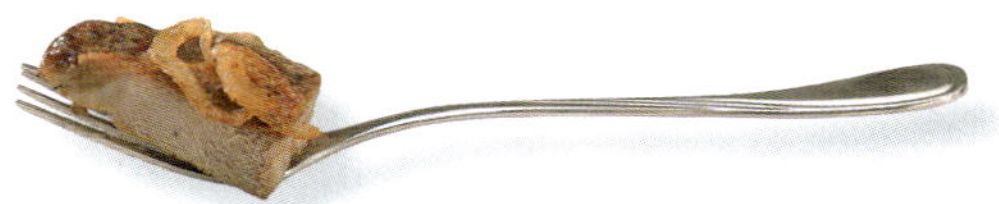

Alle Rezepte sind für 4 Personen gedacht.

Trotz gewissenhafter Bearbeitung kann eine Haftung für den Inhalt nicht übernommen werden. Für aktuelle Ergänzungen und Anregungen ist der Verlag jederzeit dankbar.
Wir bedanken uns bei allen, die uns unterstützt haben, besonders bei der Neuen Porzellanmanufaktur Triptis für die Leihgabe von Geschirr für die Fotos.

Gerichtsweg 28, 04103 Leipzig
Tel.: 0341 / 49 35 74 - 0, Fax: 0341 / 49 35 74 - 40
www.buchverlag-fuer-die-frau.de

Rezepte und Zubereitung der Speisen: Gudrun Dietze
Titelfoto: Colourbox.de
Innenfotos: Uwe Hämsch, Schöna außer Seite 56/57, 59, 131, 136, 144/145, 174/175, 179, 181: Sigrid Schmidt
Einbandgestaltung: serfling.media, Leipzig
Foto-Styling und Gesamtgestaltung: Lore Jacobi, Jesewitz
Druck und Bindung: COULEURS Print & More GmbH
Printed in European Union

9. Auflage 2022
ISBN 978-3-89798-648-0

Inhalt

Thüringen – kulinarisch betrachtet

Thüringen wird gern der „grüne Garten Deutschlands“ genannt. Das gilt im Großen für die runden Bergkuppen mit ihren sattgrünen Wäldern, für sanfte Hügelwiesen und frische Flussniederungen, für die rauen Burgen aus ferner Vergangenheit und die architektonischen Kleinode in Städten und Dörfern. Alles in allem ein Augenschmaus. Das gilt auch im Kleinen für den Thüringer Bauernhof, der ohne Garten einfach nicht denkbar ist. Obst, Gemüse und Kräuter wachsen hier heran. Und weil der gute Sonntagsbraten so geliebt wird, beherbergen die Ställe noch heute Nutztiere und Geflügel. Das Dach wird oftmals vom Taubenschlag gekrönt.

Der Wald füllt die „zweite Speisekammer“ der Thüringer. In reicher Zahl hält er Pilze und Blaubeeren bereit. Es gibt Wild. In den Fischteichen wimmelt es von Karpfen und Forellen. Einige klare, quellnahe Wasserläufe warten sogar mit den edlen Bachforellen auf. Und nicht nur auf dem Lande findet man diese Fülle. In den kleinen und großen Städten Thüringens sind die Wochenmärkte wieder aufgeblüht. Dort werden frische ländliche Produkte angeboten. Die Jenaer, Triptiser, Arnstädter ... machen gern davon Gebrauch.

Aus diesem Reservoir schöpft die Thüringer Küche. Einige ihrer vielfältigen häuslichen Rezepte, die heute zwischen Weimar und Suhl, Heiligenstadt und Gera verbreitet sind, will unser Buch vorstellen.

Es gründet auf einer weit in die Vergangenheit reichenden Tradition, enthält aber nur Gerichte, die auch dem gegenwärtigen Anspruch genügen. Manch ein älterer Thüringer schwärmt ja gelegentlich von Pellkartoffeln und Leinöl, die er als Kind bei der Großmutter aß. Käme das Gericht heute auf den Tisch, würden seine nostalgischen Erinnerungen mit jedem Bissen mehr schwinden. Vor allem, wenn ein Gänsebraten gleich daneben steht. Auch die dünnen Wassersuppen, mit denen erfindungsreiche Thüringer Bäuerinnen in schweren Jahren Familie und Gesinde durchbrachten, die aber heute keiner mehr essen will, sind hier ausgespart.
Statt dessen versammelt dieses Buch die Rezepte der schönsten, schmackhaftesten und beliebtesten Thüringer Gerichte und zahlreiche traditionelle Backrezepte. Alle Speisen werden zeitgemäß zubereitet und sind doch noch so „original“, dass selbst kritische Urgroßmütter und Großmütter das Ergebnis gelten lassen würden.

Was ist eigentlich „Thüringer Küche“? Zumindest zwei ihrer Gerichte sind weltberühmt geworden: die Thüringer Klöße und die Thüringer Rostbratwurst.
Wo auch immer in Deutschland ein Holzkohlegrill auf Jahrmärkten, bei Gartenfesten und Volksbelustigungen aller Art an einer Straßenecke oder in einem Biergarten glüht und auf ihm zischende, knusprige Bratwürste mit verführerischem Duft den Vorübergehenden anlocken, wird mit dem Slogan „Echte Thüringer“ geworben. Dabei sind sie nur in Thüringen wirklich echt!
An drei wichtigen Merkmalen lassen sie sich äußerlich erkennen: Ihre Hülle besteht aus Schweinedarm, nicht zu fest und nicht zu dünn. Sie sind „weich“, also nicht zu fest gestopft, und werden vor dem Braten auch nicht gebrüht oder anderswie vorgegart. Was alles zu ihrem „Innenleben“ gehört, wird hier natürlich nicht verraten, nur die Hauptsache: Die Füllung muss grob gehackt und nicht zu mager sein, dann bleiben die Roster saftig, selbst, wenn sie außen braun und kross gebraten sind.
Auch die Thüringer Klöße werden oft kopiert und selten erreicht. Als etwa um 1680 der Kartoffelanbau in Thüringen begann, ersetzten sie sehr rasch

die bis dahin üblichen Mehlklöße. Dabei entdeckten die findigen Thüringer Hausfrauen bald, dass Klöße aus Kartoffelteig lockerer und zarter geraten als die festen, mehligen Vorläufer. Von da an war der Siegeszug der Thüringer Klöße nicht mehr aufzuhalten.
„Erfunden" wurden sie – so sagt man – in den kleinen und großen Bauernküchen. Auf den Tafeln der Grafen und Fürsten waren sie jedoch ebenso präsent. Die Art der Speisen unterschied sich nicht wesentlich bei Bauer, Bürger und Edelmann; wohl aber deren Menge und Qualität. Christian Heinrich Steinbeck, Mundkoch der Fürstin zu Gera und Reuß, lobt 1825 die „Erdapfelklöße", nennt ebenfalls die „gebackenen Erdapfelklöße" (deren Rezept sich übrigens seitdem wenig verändert hat) und kennt auch zwei Sorten Grieß- oder Stärkeklöße.
Donnerstag und Sonntag waren (und sind) Kloßtage! Die seit dem Mittelalter übliche gebundene Speisefolge, die für jeden Tag ein Gericht und dieses Gericht in einer bestimmten Zubereitungsform kannte, lebt in Thüringen zum Teil bis heute fort. So werden die schon erwähnten „Gebackenen Klöße" allein zur weißsauren Soße gereicht, obwohl sie sicher als Beilage auch zu manch anderem Gericht schmecken würden. Nur Thüringer Klöße sind ein Sonntagsgericht; alle anderen Kloßsorten werden noch heute auf den Donnerstag verbannt. Auch deshalb sind in diesem Kochbuch immer komplette Gerichte vorgestellt und nicht einzelne Bestandteile zum beliebigen Kombinieren. Das Sauerkraut, das beispielsweise zum Dickbein gereicht wird, hat eine andere Zubereitungsart als jenes, das man zu Mutzbraten oder Rostbratwürsten isst. Die Soßen für „Rückbeinchen" sind genau vorgeschrieben. Und der Selleriesalat zum Karpfen auch.

Die Besonderheit der Thüringer Küche ist nur zum Teil am Namen der Rezepte ablesbar. Hefeklöße mit Speck und Heidelbeeren, Kartoffeldetscher, Erdbirnen, Rückbeinchen und Schnippelsuppe sind auf den ersten Blick als Spezialitäten des grünen Landes um Werra und Saale zu erkennen. Aber Bratklops und Schnitzel, Leber und Kotelett, Rouladen und Gänsebraten werden allerorten in Deutschland zubereitet.

Was soll daran „thüringisch“ sein? Die Machart! Auf nur hier übliche Weise wird das Fleisch angebraten, so dass als wichtigstes und hauptsächlichstes Ergebnis am Ende die gute Bratensoße vorzuweisen ist. Die wird ja dringend gebraucht, für die Klöße nämlich! Und selbst dann, wenn eigentlich gar kein Bratfond entstehen kann – wie bei Schnitzel oder Leber –, zaubert die Thüringer Hausfrau einen herbei, mit Tricks, die in den Rezepten nachzulesen sind.
Da Thüringer Küche eine solide, äußerst schmackhafte Hausmannskost ist und somit auf familiärer Überlieferung beruht, gibt es für fast alle Gerichte unzählige Varianten. Schon ein Tal weiter schwören die Hausfrauen auf ein anderes Kloßrezept oder haben ein besonderes Kräutlein „Siebenerlei“ entdeckt, ohne das kein Braten schmeckt.
Ein Koch- und Backbuch wie dieses kann und will kein Universalverzeichnis aller Thüringer Rezepte sein. Wenn jedoch jemand ein gutes Rezept kennt, das nach seiner Meinung unbedingt noch zu dieser Sammlung gehören sollte, sind Autorin und Verlag für jeden freundlichen Hinweis aufgeschlossen.
Für einige der hier enthaltenen Gerichte werden manche Zutaten außerhalb Thüringens wahrscheinlich schwer zu finden sein. Denn kleine und mittelständische Betriebe haben sich auf die Kochgewohnheiten ihres Landes eingerichtet und produzieren, was für die Hausfrauen unentbehrlich ist: Schmand und Soßenkuchen.
Soßenkuchen, ein herbes, dunkles Gebäck, wird in wenig warmem Wasser aufgeweicht und bindet süßsaure Soßen. Er ist – wenn nicht erhältlich – durch Pfefferkuchen ohne Zuckerglasur leicht zu ersetzen. Der Schmand gehört an viele Bratensoßen, wird aber bereits beim Anbraten zugefügt und muss sogar „mitschmoren“. Saure Sahne hält das nicht aus, sie flockt. Wer keinen Schmand bekommt, sollte es lieber mit frischem, natürlich ungesüßtem Joghurt versuchen. Auch Taube und Zickelbraten, hier aufgenommen, weil ohne sie kein Thüringer Kochbuch denkbar ist, sind selbst in Delikatessengeschäften rar und wahrscheinlich nur in ländlichen Gegenden und bei Hausschlachtungen zu bekommen.

Die Thüringer Küche kennt, wie gesagt, einfache Alltagsmahlzeiten und üppige Festtagsessen. Das größte Fest im Jahreskalender der Landbevölkerung ist die Kirmes. Kirmes ist von Kirchweih abgeleitet. So feiert jedes Dorf im Herbst sein Kirchweihfest, den Tag (immer ein Sonntag), an dem die Kirche vor Jahrhunderten eingeweiht wurde.

Traditionelles Leben und Wirtschaften sind also noch immer hier zu finden, wobei die Thüringer beileibe keine altmodischen Hinterwäldler sind. Sie leben mit der Zeit, wie anderswo auch. Aber sie halten an bewährten Sitten und Bräuchen fest und versuchen, das Band, welches sie mit den Generationen vor ihnen verbindet, nicht reißen zu lassen.

So wird ein Teil des Hausgeschlachteten durchaus fachgerecht in leistungsfähigen Tiefkühltruhen eingefrostet. Die Würste aber hängen in der alten Räucherkammer. Am Kirmessonntag wird nach dem Kirchgang zweimal gekocht. Mittags meist Festtagskarpfen mit Klößen und dazu ein Fleischgericht; Kalbsbraten oder Wildente. Selleriesalat und süßsaurer Kürbis gehören dazu. Abends dasselbe nochmals, aber wieder frisch geschlachtet und frisch zubereitet. Die Karpfen schwimmen in einer Wanne, die auf dem Hof steht. Sie werden je nach Bedarf in die Küche geholt und verarbeitet.

Der Nachmittag gehört den Kuchen. Unter 20 verschiedenen Sorten tut es keine Bauersfrau, schließlich trifft sich zur Kirmes die ganze Verwandtschaft. Nach einem harten Arbeitsjahr hat man Zeit, in Ruhe beieinander zu sitzen und alles Wichtige zu besprechen. Abends gibt es Blasmusik und Tanz.

Gudrun Dietze erzählt: „Am 1. Feiertag bekommt jedes Haus ein Ständchen. Die Musiker beginnen früh um 8 Uhr und sind nachmittags 16 Uhr bei uns ‚im Dorf herum'. Die Jugend schließt sich mit Handwagen und Henkelkorb an. Jedes Haus gibt etwas – Geld, Wein, Leckereien. Von mir erwartet man immer einen bunten Kuchenteller. Im Hof wird getanzt und erzählt. Dann geht's zum nächsten Haus weiter." Am 2. Feiertag begann früher schon am zeitigen Morgen der Tanz.

Heute wird nicht mehr so lange und ausgelassen Kirmes gefeiert. Manchmal haben die älteren Thüringer Angst, dass die Lebensweise der Altvor-

deren in Vergessenheit gerät und die nachfolgenden Generationen gar nicht mehr wissen, wie einst gefeiert, getanzt, gebacken und gekocht wurde.
Unser Buch versucht, ein wenig von dieser Identität zu bewahren. Gudrun Dietze, deren Thüringer Koch- und Backbücher sich überaus großer Beliebtheit erfreuen, hat über Jahre hinweg heimatliche Rezepte gesammelt und erprobt. Die meisten wurden ihr als junges Mädchen von der Mutter erklärt. Ratschläge von anderen Verwandten, Nachbarinnen, Freundinnen kamen hinzu. Hauptsächliches Bewährungsfeld aber war ihre eigene Küche und das größte Lob die zufriedenen Gesichter von Mann und Kindern, Geschwistern und Schwägern, Freunden und Bekannten.
Mit dem ihr eigenen Geschick und Talent hat sie jeder Rezeptur das Äußerste an Wohlgeschmack entlockt. Ihre Anregungen zeichnen sich durch Genauigkeit aus und sind vielmals erprobt. Sie führen immer zum Erfolg. Leicht verständliche Beschreibungen und viele Vorschläge, wie die Speisen zu ergänzen und anzurichten sind, halten ein Stück Thüringer Küchentradition fest. Gudrun Dietze pflegt nur die guten Gewohnheiten. Sie besitzt einen kleinen Kräutergarten mit Thymian, Basilikum, Zitronenmelisse, Kerbel, Estragon, Majoran, Rosmarin, Knoblauch, Petersilie, Kresse und Schnittlauch. Sie geht in jedem Fall sparsam mit Salz und anderen scharfen Gewürzen um, weil sie den Eigengeschmack der einzelnen Zutaten heben, ihn jedoch nicht „übertönen“ will.
Schmand, Sahne und „gute“ Butter gehören dagegen zu ihren Favoriten, obwohl sie der gesunden Ernährung zuliebe die Fettmenge reduziert und auch empfiehlt, überflüssiges Fett von Soßen abzuschöpfen. Sie verlieren dabei nicht an Geschmack. Sie reicht Gemüse zu den meisten Fleischgerichten, auch als frischen Salat.
„Meine Thüringer Küche“ ist also traditionsbewusst und modern zugleich. Das Buch gibt Empfehlungen für eine regional gefärbte, schmackhafte, zeitgemäße Küche und lädt ein, die schönsten Thüringer Gerichte und das gute Backwerk zu probieren.

Verlag und Autorin wünschen guten Appetit!

Feine Backpulverkuchen

Eierlikörkuchen

<u>*Teig:*</u>
5 Eier (300-350 g)
200 g Staubzucker
1 Päckchen Vanillezucker
250 ml Öl, 250 g Mehl
100 g Speisestärke
1 Päckchen Backpulver
250 ml Eierlikör

<u>*Schokoguss:*</u>
200 g Staubzucker, 2 EL Kakao
2 EL Rum, 3 EL Eierlikör
100 g Hartfett

Eier mit Staubzucker und Vanillezucker cremig schlagen, Öl unterschlagen. Mehl, Speisestärke und Backpulver zugeben. Mit dem Eierlikör alles glatt rühren. Auf einem gefetteten Blech backen. Für den Guss den Staubzucker mit Kakao, Rum und Hartfett verrühren. Mit Eierlikör zu einer dickflüssigen Masse verarbeiten.

Backzeit: 25-30 Minuten
Hitze: 180 Grad

Tipp: Es ist ratsam, eine Schiene an das Blechende zu geben, da der Teig ziemlich flüssig ist.

Von links: Eierlikörkuchen, Brombeerkuchen, Eierlikörcremekuchen, „Schwarze Witwe", Kirschkuchen, Marzipankuchen, „Blaue Welle", Rotweinkuchen

Eierlikör-Cremekuchen

Boden:
4 Eier, 125 g Staubzucker
125 g Mehl
50 g Speisestärke, 2 EL Kakao
1 geh. TL Backpulver
100 ml Öl, 100 ml Eierlikör

Creme:
1/2 l Milch
2 Päckchen Puddingpulver
1 EL Zucker, 50 g Hartfett
6 EL Eierlikör
125 g feste Würfelmargarine
200-300 g Kekse (rechteckig)
8 EL Rum

Guss:
1 Ei, 3 geh. EL Zucker, 2 EL Kakao
100-125 g Hartfett, 1 EL Rum

Das ist ein ganz vorzüglicher Festtagskuchen, der kühl gestellt sehr lange frisch bleibt.

Eierlikörcremekuchen
Eierlikörkuchen
„Schwarze Witwe"

Eier mit Staubzucker gut verschlagen. Öl, Mehl, Speisestärke, Kakao und Backpulver zugeben. Eierlikör unterrühren. Den Teig auf ein Backblech streichen und backen.
Inzwischen aus Milch, Puddingpulver und Zucker einen straffen Pudding kochen und das Hartfett einrühren. Eierlikör in die etwas abgekühlte Masse rühren. Butter oder Margarine cremig schlagen und die handwarme Puddingmasse löffelweise unterschlagen. Auf den dunklen Kuchen streichen. Die mit der Unterseite in Rum getauchten Kekse darüber legen. Ei mit Zucker gut verrühren und den Kakao unterrühren, zerlassenes Hartfett zugeben. Mit Rum glatt rühren. Den Guss über die Kekse streichen.

Backzeit: 25-30 Minuten
Hitze: 180 Grad

Nusskuchen

200 g Zucker, 4 Eier
100 g Margarine
je 200 g gemahlene Nüsse und Zwieback
200 g Grieß
200 ml Milch
1 Päckchen Backpulver
Schokoguss

Zucker, Eier und weiche Margarine untereinander schlagen. Nüsse, Zwieback und Grieß mit Backpulver zugeben und mit der Milch zu einer streichfähigen Masse rühren. Diese auf ein gut gefettetes Blech streichen und auf der unteren Schiene backen.

Backzeit: 15-20 Minuten
Hitze: 180 Grad

Auf diesen saftigen leckeren Kuchen mit trockener, saugfähiger Oberfläche gibt man einen beliebigen Schokoladenguss.

Tipp: *Auf einem Kuchen mit feuchter Oberfläche (z.B. Quark o.ä.) ist nur ein Guss ohne Flüssigkeit geeignet, da er sonst nicht fest wird und evtl. vom Kuchen läuft.*

Schoko-Nusskuchen »Schwarze Witwe«

Boden:
150 g Zucker, 4 Eier (200-250 g)
150 g Margarine, 100 g Schmand
1 TL Natron, 200 g Mehl
2 EL Kakao, 1 TL Backpulver

Belag:
4 geh. EL Aprikosenmarmelade
2-3 EL Rum
1 1/2 Päckchen Puddingpulver
2 EL Zucker
1/2 l Milch, 100 g gemahlene Nüsse
100 g Vollmilchkuvertüre
150 g feste Würfelmargarine
oder Butter
evtl. 50 g Kuvertüre mit 3 TL Öl
verrühren für Garnitur –
Kringel o.ä.

Zucker und Eier cremig schlagen, weiche Margarine unterschlagen. Natron im Schmand aufgelöst zugeben. Kakao, Mehl und Backpulver unterschlagen. Auf einem mit Backpapier ausgelegten Blech backen. Papier nach dem Backen abziehen.
Konfitüre mit Rum gut verrühren und auf die Unterseite des erkalteten Bodens streichen. Aus Milch, Puddingpulver und Zucker einen straffen Pudding kochen und handwarm mit gut geschlagener Margarine zur Creme schlagen. Die zerlassene abgekühlte Kuvertüre und die ohne Fett gerösteten Nüsse unter die Creme rühren. Alles auf die Marmelade verteilen und glatt streichen. Mit Schokolinien oder Raspelschokolade verzieren.

Backzeit: 20-25 Minuten
Hitze: 180-200 Grad

Ein sehr schmackhafter Festtagskuchen mit feiner Schokonote, der lange frisch bleibt.

Tipp: *Wer es besonders gut meinen will, gibt einen Schokoguss mit Rum über die Creme.*

Pfirsichkuchen »Blaue Welle«

Teig:
175 g Margarine
175 g Zucker
4 Eier, 5 EL Milch
350 g Mehl
150 g Mohn
5 EL Milch
2 TL Backpulver
2 Dosen Pfirsiche in Scheiben

Creme:
600 ml Milch
2 Päckchen Vanillepuddingpulver
3 EL Zucker
200 g Frischkäse
125 g Butter
500 ml gelber Saft
2 Päckchen Tortenguss

Fein aromatischer, etwas gewellt aussehender Sonntagskuchen.

Margarine und Zucker gut verrühren. Eier nach und nach unterschlagen. Mehl, Backpulver und Milch allmählich zugeben. Teig halbieren, eine Hälfte auf ein gut gefettetes Blech streichen. Den übrigen Teig mit ungemahlenem Mohn und Milch verrührt darüber streichen. Mit Pfirsichscheiben belegen und backen.
Für die Creme aus Milch, Puddingpulver und Zucker einen straffen Pudding kochen. Erkaltet mit Frischkäse vermischen. Butter cremig schlagen und die Puddingmasse löffelweise unterschlagen. Den erkalteten Kuchen mit der Creme bestreichen.
Von schönem gelben Saft (evtl. Multivitaminsaft) und Tortenguss einen Guss herstellen und über die inzwischen fest gewordene weiße Creme auf den Kuchen streichen.

Backzeit: 25-30 Minuten
Hitze: 180-200 Grad

Tipp: Pfirsichabtropfsaft mit 1 EL Orangengetränkepulver verrührt, ergibt auch eine leuchtend gelbe Farbe.

Kürbiskuchen

Teig:
250 g Margarine
200 g Zucker
3-4 Eier, 1 TL Zimt
2 TL Zitronenschale
1 Prise Salz
2 EL Rum
350 g Mehl
200 g gemahlene Nüsse
500 g Kürbisraspeln
1 Päckchen Backpulver

Schokoguss:
1 Ei, 3 geh. EL Zucker
1 Päckchen Vanillezucker
3 EL Kakao
100 g Hartfett
2 EL Rum oder Milch

Margarine und Zucker gut verschlagen. Eier und Gewürze nach und nach unterschlagen. Rum, Mehl, Backpulver und Nüsse zugeben. Große Kürbiswürfel grob raspeln (evtl. auf einer Röstireibe) und untermischen. Teig auf gefettetem Blech verteilen und glatt streichen. Dann backen.
Für den Guss Ei mit Zucker und Vanillezucker gut verrühren. Kakao unterrühren und das etwas abgekühlte Hartfett nach und nach zugeben. Mit Rum oder Milch alles schön glatt rühren und über dem erkalteten Kuchen verteilen.

Backzeit: 35-40 Minuten
Hitze: 180 Grad

Saftiger Kuchen, der lange frisch bleibt, aber vom Kürbis schmeckt man nichts.

Rotweinkuchen

Teig:
250 g Margarine
200 g Zucker, 4 Eier
1 geh. TL Zitronenschale
200 g Blockschokolade
2 EL Öl, 250 g Mehl
2 EL Kakao
3/4 Päckchen Backpulver
150 ml Rotwein
100 g grob gehackte Walnüsse

Guss:
4-5 EL Rotwein, 150 g Staubzucker
1 EL Butter

Weiche Margarine mit Zucker und Zitronenschale gut verschlagen. Nach und nach die Eier gut unterschlagen. Die im Öl zerlassene Schokolade etwas abgekühlt unterschlagen. Mehl, Kakao und Backpulver mit Rotwein zugeben und gut verschlagen. Auf ein gefettetes Blech streichen. Die etwas zerkleinerten Walnusskerne darüber streuen und backen.
Für den Guss Staubzucker mit lauwarmem Rotwein verrühren und die ganz weiche Butter unterrühren. Mit einem Löffel den Guss über dem abgekühlten Kuchen verteilen. Durch die Nüsse entstehen Unregelmäßigkeiten im Guss, das ergibt eine interessante Oberfläche.

Backzeit: 15-20 Minuten
Hitze: 180 Grad

Sehr feiner, haltbarer Festtagskuchen.

Kirschkuchen festliche Art

Teig:
150 g Margarine
150 g Zucker
1 Päckchen Vanillezucker
1-2 TL Zitronenschale
2 kleine Eier
1 Prise Salz
200-250 g Mehl
100 g Speisestärke
1 TL Backpulver
2 Gläser Sauerkirschen

Füllung:
400 ml Milch
2 EL Zucker
1 Päckchen Puddingpulver
6 EL Kirschwasser oder Wasser
1 Päckchen Gelatine
400 ml Schlagsahne
je 2 Päckchen Vanillezucker und Sahnesteif

Guss:
1/2 l Kirschsaft
2 Päckchen Tortenguss
Zucker nach Geschmack

Weiche Margarine, Gewürze, Eier und Zucker gut verschlagen. Mehl, Speisestärke und Backpulver auf 2 mal unterschlagen. Diesen straffen Teig auf ein gut gefettetes Blech drücken und mit bemehltem Rollholz mit leichtem Druck ausrollen. Die gut abgetropften Kirschen (Saft auffangen) auf dem Boden verteilen. Dann auf der unteren Schiene backen.
Aus Milch, Zucker und Puddingpulver einen Pudding kochen und die im warmen Kirschwasser aufgelöste Gelatine im heißen Pudding gut verrühren. Im kalten Wasserbad unter öfterem Rühren den Pudding rasch abkühlen lassen. Sahne mit Sahnesteif und Vanillezucker steif schlagen und mit dem handwarmen Pudding mit dem Schneebesen vorsichtig vermischen.
Aus dem aufgefangenen Kirschsaft, Zucker und Tortengusspulver einen Guss herstellen und sofort auf der inzwischen fest gewordenen weißen Cremeschicht verteilen.

Backzeit: 20-25 Minuten
Hitze: 180-200 Grad, untere Schiene

Diese leichte Pudding-Sahnecreme macht den fruchtigen Kuchen sehr gut verträglich.

Brombeer-Cremekuchen

Boden:
250 g Margarine
200 g Staubzucker
Saft und Schale von 1/2 Zitrone
4 Eier, 250 g Mehl
1/2 Päckchen Backpulver

Belag:
1000 g Brombeeren
200 ml Wasser
175 g Zucker
125 g Butter oder Margarine
75 g Hartfett
2 Päckchen Vanillepuddingpulver

Weiche Margarine cremig schlagen, Mehl, Backpulver und Zitrone mit Saft nach und nach unterschlagen. Nun die Eier mit dem Staubzucker schaumig schlagen und nach und nach zur Mehlmasse geben und immer gut verschlagen. So entsteht aus der feinen cremigen Masse ein zarter feinporiger Teig. Auf Papier backen. Das Papier nach dem Backen sofort abziehen und die Teigplatte umdrehen.
Für den Belag die Brombeeren (frisch oder gefrostet) mit Zucker und Wasser kurz kochen. Auf einem Sieb abtropfen lassen und die Hälfte der Beeren beiseite stellen. Rest Beeren durch ein Sieb drücken und mit Wasser auf 700 ml auffüllen. Mit dem Puddingpulver zu einem straffen Pudding kochen und die gut abgetropften Beeren unterrühren. Hartfett einrühren und etwas abgekühlt die weiche Butter unterrühren. Auf die Unterseite der Teigplatte streichen.

Backzeit: 20-25 Minuten
Hitze: 180 Grad

Aromatischer, leicht cremiger Fruchtkuchen, der besonders für festliche Anlässe gut geeignet ist. Rührt man 1-2 EL Sahne unter den Belag, wird die Farbe heller.

Marzipankuchen

Boden:

200 g Margarine, 4 Eier
200 g Zucker, 350 g Mehl
2 EL Milch, 4 EL Kakao
1 Päckchen Backpulver
75 ml Milch

Füllung:

300 g gekochte Kartoffeln
230 g Zucker
300 g süße Mandeln
1 Fläschchen Bittermandelöl
2 Päckchen Vanillezucker

Schokoguss:

1 großes Ei, 4 EL Zucker
2 EL Kakao, 125 g Hartfett
1-2 EL Rum oder Milch

Das war der begehrte, saftige und lange haltbare Festtagskuchen aus alten Zeiten. Es lohnt sich auch heute ihn nachzubacken.

Margarine, Zucker und Eier gut verschlagen. Mehl, Backpulver und Kakao abwechselnd mit der Milch unterschlagen. Die Hälfte vom Teig auf ein gefettetes Blech streichen. Die durchgepressten Kartoffeln, Zucker, gemahlene Mandeln, Vanillezucker und Bittermandelöl verkneten und auf dem aufgestrichenen Teig löffelweise verteilen und verstreichen. Rest Teig mit 75 ml Milch verrühren und darüber streichen. Backen.
Inzwischen die Eier mit Zucker cremig rühren. Kakao unterrühren und das zerlassene, etwas abgekühlte Hartfett nach und nach zugeben. Mit Rum oder Milch glatt rühren und auf den Kuchen streichen.

Backzeit: 25-30 Minuten
Hitze: 180 Grad

Tipp: In vielen Thüringer Hausküchen mahlt man die Mandeln noch selbst. Dafür sollten die Mandeln vor dem Zerkleinern im „Multiboy“ überbrüht und abgezogen werden, das ergibt eine schöne helle Marzipanfarbe. Wer mag, kann gemahlene Mandeln fertig kaufen, allerdings fehlt dann ein wenig die knackige Note.

Hefekuchen – für jeden Anlass

Grundrezept für Hefeteig mit Trockenhefe

(für 1 Backblech)

350 g Mehl
1 Päckchen Trockenhefe
75 g Zucker
100 g Margarine
175 ml Milch
1 Prise Salz
1 kleines Ei
Zitronenschale

Mehl mit Zucker, Salz, Zitronenschale und Hefe vermischen. Die zerkleinerte Margarine mit der Milch leicht erwärmen und die lauwarme Masse mit dem Mehlgemisch und dem Ei von der Mitte her verrühren und verkneten. 1 Stunde warm gestellt gehen lassen. Zusammenkneten und nochmals kurz gehen lassen, dann auf einem Blech ausrollen.

Tipp: *Hefeteig mit Trockenhefe zubereitet eignet sich nicht zum Einfrieren, denn der Hefeteig geht nicht mehr auf.*

Von links: Aprikosenkuchen, Pücklerkuchen, Apfel-Bienenstich-Kuchen, Stachelbeerkuchen, Streuselkuchen mit Pudding, Karamellkuchen, Heidelbeer-Quark-Kuchen, Stachelbeerkuchen

Schmandkuchen Eichsfelder Art

<u>Hefeteig</u>
(siehe S. 24)

<u>Belag:</u>
750 ml Milch
100 g Grieß
100 g Zucker
2 Päckchen Vanillezucker
200 g Rosinen
4 EL Rum
500 g Johannisbeeren (frisch oder gefrostet)

<u>Decke:</u>
800 g Schmand
2 Eier
3 EL Zucker
1 Päckchen Soßenpulver

Grieß mit Zucker und Vanillezucker gemischt in die heiße Milch rühren und 1-2 Minuten dick kochen. Ausquellen lassen. Mit den in Rum getränkten Rosinen vermischen und auf den ausgerollten Hefeteig streichen. Gefrostete Johannisbeeren auftauen. Die Beeren über den Teig streuen. Eier und Zucker mit dem Schneebesen verrühren, Soßenpulver und Schmand unterrühren. Das Gemisch über den Beeren verteilen. Den Kuchen backen, bis die Decke hell gebräunt ist.

Backzeit: 35-40 Minuten
Hitze: 180-200 Grad

Tipp: *Den erkalteten Kuchen mit zerlassener abgekühlter Butter bepinseln. Das hält den Kuchen lange frisch.*

Ein rustikaler Bauernkuchen. Süße Rosinen, säuerliche Beeren und eine milde Schmanddecke zeichnen den berühmten Eichsfelder Schmandkuchen aus.

Heidelbeer-Quark-Kuchen

Hefeteig

Belag:
4 Eier, 125 g Zucker, 1 Prise Salz
2 Päckchen Vanillezucker
2 TL Zitronenschale
750 g Magerquark
200 ml Schlagsahne
100 g zerlassene Butter
1 Päckchen Soßenpulver

Guss:
2 Gläser Heidelbeeren
375 ml Heidelbeerabtropfsaft
evtl. 1 EL Zucker, 1 EL Zitronensaft
2 Päckchen Tortenguss

Eier, Zucker, Salz, Vanillezucker und Zitronenschale mit dem Schneebesen gut verrühren. Quark, Sahne und die Butter zugeben. Mit dem Soßenpulver alles gut untereinander rühren. Auf den ausgerollten Hefeteig streichen und backen. Heidelbeeren gut abtropfen lassen. Den Heidelbeerabtropfsaft mit Zitronensaft, dem Tortengusspulver und evtl. Zucker zu einem Guss kochen. Die Heidelbeeren unter den Guss mischen und auf den erkalteten Kuchen streichen.

Backzeit: 35-40 Minuten
Hitze: 180 Grad, untere Schiene

Feiner, milder Festtagskuchen in Blau.

Walnusskuchen

Hefeteig

Belag:
300 g gehackte Walnusskerne
250 g Butter
250 g Zucker
1/4 l Milch
1 Päckchen Vanillesoßenpulver
2 Päckchen Vanillezucker, 2 Eier

Die Butter zerlassen, Zucker zufügen und erhitzen, Nüsse zugeben und rühren, bis der Zucker etwas gebräunt ist. Aus Milch und Soßenpulver einen Pudding kochen. Den Pudding und Vanillezucker unter die Nussmasse rühren. Zuletzt die Eier in die abgekühlte Masse rühren. Die Masse auf den ausgerollten Hefeteig streichen und backen.

Backzeit: 25-30 Minuten
Hitze: 180-200 Grad

Stachelbeerkuchen

Hefeteig

Belag:
1/2 l Wasser, 6 EL Zucker
2 Päckchen Grüne Grütze
500 g Stachelbeeren
(frisch oder gefrostet)
2 EL Zitronensaft

Guss:
1/2 l Milch
2 Päckchen Vanillepudding
2 Päckchen Vanillezucker
300 g Schmand
4 kleine Eier, 4 EL Öl
1 Päckchen Soßenpulver
1 TL Backpulver, 150 g Zucker
1 TL Zitronenschale
1/4 Flasche Bittermandelöl

Aus Wasser, Zucker, Zitronensaft und Grützepulver eine straffe Grütze kochen und auf einen ausgerollten Hefeteig streichen. Stachelbeeren nicht zu dicht darüber verteilen. (Wenn man die Beeren in die Grütze drückt, entstehen „Wellen".)
Aus Milch und beiden Puddingpulvern einen Pudding kochen. Öl, Vanillezucker und Schmand in die heiße Masse rühren. Abkühlen lassen, ziemlich erkaltet die Eigelb hineingeben. Soßenpulver und Backpulver vermengt mit dem Schneebesen gründlich unterrühren. Das mit Zucker steif geschlagene Eiweiß unterheben und alles über den Beeren verteilen. Backen, bis die Oberfläche zart gebräunt ist.
Den erkalteten Kuchen mit zerlassener Butter bepinseln und mit Staubzucker besieben.

Backzeit: 35-40 Minuten
Hitze: 180 Grad, untere Schiene

Locker-leichter Kuchen, der außerdem noch interessant gewellt ist.

Quark-Stachelbeer-Kuchen

Hefeteig

Belag:
2 Eier, 2 EL Zucker
2 Päckchen Vanillezucker
2 TL Zitronenschale
300 g Magerquark
50 g Butter
3/4 l Milch
100 g Zucker
2 Päckchen Puddingpulver
500 g Stachelbeeren

Creme:
125 g Butter
50 g Hartfett

Guss:
200 g Bitterschokolade
70 g Butter, 1 Ei

Eier, Zucker, Vanillezucker und Zitronenschale gut verrühren. Quark und zerlassene Butter unterrühren. Aus Milch, Zucker und Puddingpulver einen straffen Pudding kochen. Die Hälfte davon unter den Quark rühren und auf den Teig streichen. Frische oder gefrostete Stachelbeeren, die kurz mit heißem Wasser überspült werden, gut abgetropft über dem Quark verteilen. Früchte leicht andrücken und backen.
Butter cremig schlagen und die andere Hälfte Pudding löffelweise unterschlagen. Zerlassenes Hartfett flott unterschlagen. Creme über den erkalteten Kuchen streichen. Schokolade mit Butter im Wasserbad schmelzen und das Ei mit dem Schneebesen unter die lauwarme Schokoladenmasse rühren. Über die inzwischen erstarrte Creme streichen und mit dem Garnierkamm darüber fahren.

Backzeit: 30-35 Minuten
Hitze: 180 Grad, untere Schiene

Altbekannter, aromatisch-saftiger Festtagskuchen, der dank Creme und Guss gut abgedichtet lange frisch bleibt.

Karamellkuchen

Hefeteig

Belag:
20 g Butter
300 g Zucker
1 geh. EL Grieß
250 g grob gemahlene Walnüsse
1/4 l Schlagsahne

Creme:
1/2 l Milch, 1 geh. EL Zucker
2 Päckchen Puddingpulver
1/2 Päckchen Gelatine
2 EL Rum, 2 EL Wasser
4 EL Eierlikör
125 g Butter
50 g feste Würfelmargarine
Schokoraspeln

Butter und Zucker in einem breiten Topf langsam zum Schmelzen bringen und unter Rühren zu einer bräunlichen, nicht zu dunklen Farbe kommen lassen. Grieß, Nüsse und Sahne einrühren. Alles bei geringer Hitze einige Minuten kochen lassen, bis alles schön gebunden ist. Nun kurz abkühlen lassen und auf den ausgerollten Hefeteig streichen. Backen.
Aus Milch, Zucker und Puddingpulver einen Pudding kochen. Die im heißen Wasser mit Rum gelöste Gelatine im heißen Pudding gut verrühren. Eierlikör in die etwas abgekühlte Masse rühren.
Weiche Butter und Margarine cremig schlagen, die handwarme Puddingmasse zugeben und alles zur Creme schlagen. Über den erkalteten Kuchen geben (kann auch Tage später passieren). Mit Kamm garnieren und mit Schokoraspeln bestreuen.

Backzeit: 25-30 Minuten
Hitze: 180 Grad

Dieser absolut stimmige Kuchen ist für alle Festlichkeiten etwas ganz Besonderes.

Fruchtiger Kokoszupfkuchen

<u>Hefeteig</u>

<u>Belag:</u>
1/2 l Milch, 1 Päckchen Pudding-pulver, 2 EL Zucker, 75 g Rosinen
75 g grobe Walnusskerne
2 Gläser Sauerkirschen oder
500 g Johannisbeeren
125 g Butter oder Margarine, 2 Eier
200 g Zucker, 100 g Schmand
200 g Kokosraspeln

Aus Milch, Zucker und Puddingpulver einen Pudding kochen. Rosinen und gehackte Walnüsse hineinrühren und alles auf den ausgerollten Hefeteig streichen. Gut abgetropfte Kirschen (oder Johannisbeeren) darüber streuen. Weiche Butter, Eier und Zucker gut verrühren, Schmand und Kokos zugeben. Häufchen auf den Kuchen zupfen. Dann backen. Den erkalteten Kuchen dünn mit Puderzucker besieben.

Backzeit: 30-35 Minuten
Hitze: 180-200 Grad

Eine weit bekannte Spezialität aus alten Zeiten.

Apfelkuchen

<u>Hefeteig</u>

<u>Belag:</u>
1 kg dünne Apfelscheiben
1 TL Zimt, 3 EL Zucker
3 EL Zitronensaft, 100 g Rosinen
4 EL Rum, 1/4 l Milch
1 Päckchen Soßenpulver
2 EL Zucker, 2 Eier
200 ml Schlagsahne

<u>Kokosstreusel:</u>
je 150 g Mehl, Zucker und Butter
2 Päckchen Vanillezucker
125 g Kokosraspeln

Zimt, Zucker und Zitronensaft mit den Apfelscheiben vermischen. Die dabei entstehende Flüssigkeit aufheben. Apfelspalten gleichmäßig auf einem ausgerollten Hefeteig verteilen. In Rum getränkte Rosinen darüber streuen. Soßenpulver, Zucker und Milch zu einem dicken Brei kochen. Sobald er etwas abgekühlt ist, Sahne und die Eier unterschlagen, mit der Apfelflüssigkeit über der Apfelschicht verteilen.
Die Streuselzutaten mit zerlassener Butter zu Streuseln kneten und zum Schluss auf den Kuchen streuen. Backen.

Backzeit: 30-35 Minuten
Hitze: 180-200 Grad

Pückler-Kuchen

Hefeteig

Belag:
700 g Johannisbeeren
(frisch oder gefrostet)
100 ml Wasser
2 Päckchen Rote Grütze, glatt
4-5 geh. EL Zucker

Puddingcreme:
3/4 l Milch
2 Päckchen Puddingpulver
2 Päckchen Vanillezucker
700 g Schmand
100 g Zucker

Schokostreusel:
150 g Zucker, 150 g Margarine
200 g Mehl, 2 geh. EL Kakao

Johannisbeeren, Wasser, Zucker und Rote Grütze verrühren und unter Rühren in einigen Minuten dick kochen. Die Masse auf den ausgerollten Hefeteig streichen.
Aus Milch, Vanillezucker, Zucker und Puddingpulver einen straffen Pudding kochen und den Schmand einrühren. Alles über der Beerenschicht verteilen und glatt streichen.
Aus den angegebenen Zutaten kleine Schokostreusel kneten und als Decke über die Cremeschicht krümeln, dann backen.
Den erkalteten Kuchen ganz dünn mit Staubzucker besieben.

Backzeit: 30-35 Minuten
Hitze: 180 Grad

Kräftig-aromatischer, fruchtiger Festtagskuchen.

Apfel-Bienenstich-Kuchen

Hefeteig

Belag:
1 kg Apfelspalten
2 EL Zitronensaft
2 EL Zucker, 1 TL Zimt
75 g Rosinen, 3 EL Rum
150 g Butter
200 g Zucker
1 Päckchen Vanillezucker
2 EL Honig, 1 geh. EL Grieß
250 g gemahlene Mandeln (fertig gekauft oder selbst zerkleinern)
1/4 Flasche Bittermandelöl
3 Eier

Apfelspalten mit Zitronensaft vermischen, Zucker und Zimt untermischen. Apfelspalten nebeneinander auf den ausgerollten Hefeteig legen. Die in Rum eingelegten Rosinen darüber streuen. Butter mit Zucker und Vanillezucker zerlassen, Honig und Grieß unterrühren und aufkochen. Die geschälten und zerkleinerten Mandeln zugeben und abgekühlt die Eier unterrühren, Bittermandelöl zugeben. Alles über den Äpfeln verteilen und backen.
Den erkalteten Kuchen mit zerlassener Butter bepinseln und mit Staubzucker besieben.

Backzeit: 30-35 Minuten
Hitze: 180 Grad, untere Schiene

Tipp: Bei feuchten Belägen ist es ratsam, den Boden mit zerlassener Butter zu bepinseln und Semmelmehl darüber zu streuen.

Kirschkuchen mit Guss

Hefeteig

Belag und Guss:
2 Gläser Kirschen (süß oder sauer);
800 g Schmand, 4 Eier
1 Päckchen Puddingpulver
150-200 g Zucker

Die gut abgetropften Kirschen auf dem ausgerollten Hefeteig nicht zu dicht verteilen. Alle übrigen Zutaten verrühren und mit einem Löffel über die Kirschen geben. Backen.

Backzeit: 25-30 Minuten
Hitze: 180-200 Grad, untere Schiene

Ein saftiger, schneller Sonntagskuchen.

Aprikosenkuchen

Hefeteig

Belag:
2 große Dosen Aprikosen
600 ml Aprikosensaft
2 Päckchen Vanillepuddingpulver
2 EL Zucker

Guss:
4 Eiweiß, 125 g Zucker
4 Eigelb, 300 g Schmand
1 Päckchen Soßenpulver

Aprikosen gut abtropfen lassen, Saft auffangen. Aprikosenabtropfsaft, Puddingpulver und Zucker zu einem straffen Pudding kochen und löffelweise auf den ausgerollten Hefeteig streichen. Aprikosenhälften mit der Rundung nach oben darüber legen. Eiweiß mit Zucker steif schlagen. Eigelb mit Schmand und Soßenpulver verrühren und den Eischnee unterheben. Über den Aprikosen verteilen. Schön braun backen.
Erkaltet mit zerlassener Butter bepinseln und dünn mit Staubzucker besieben.

Backzeit: 35-40 Minuten
Hitze: 180-200 Grad, untere Schiene

Sehr zarter, fruchtiger Festtagskuchen, der auch einige Tage frisch bleibt.

Mohnkuchen mit Eierschecke

Hefeteig

Mohnbelag:
1 l Milch
350 g gemahlener Mohn
2 gehäufte EL Grieß
1 Päckchen Puddingpulver
4 EL Zucker
1 Päckchen Vanillezucker
100 g Margarine
75 g Korinthen
4 EL Rum
Saft und Schale 1/2 Zitrone
1 Ei
1/2 TL Zimt

Eierschecke:
1/2 l Milch
5 EL Zucker
1 Päckchen Puddingpulver
3 Eier, 1 Prise Salz
125 g Margarine

Mohn, Grieß, Puddingpulver, Zucker, Zimt und Vanillezucker vermischt in die heiße Milch rühren. Unter Rühren kurz kochen. Etwas abgekühlt die Margarine, die in Rum eingeweichten Rosinen, Zitrone und Ei unterrühren. Auf den ausgerollten Hefeteig streichen und die Eierschecke darüber geben. Dafür aus Milch, 2 EL Zucker und Puddingpulver einen Pudding kochen. Margarine und Eigelb in die etwas abgekühlte Masse rühren. Das mit 1 Prise Salz und 3 EL Zucker steif geschlagene Eiweiß unterziehen. Die Schecke über der Mohnmasse verteilen und glatt streichen. Den Kuchen backen.

Backzeit: 30-35 Minuten
Hitze: 180-200 Grad, untere Schiene

Streuselkuchen mit Pudding

Hefeteig

Belag:
1,7 l Milch
3 Päckchen Vanillepuddingpulver
1 Päckchen Soßenpulver
3 EL Zucker

Streusel:
200 g Butter, 150 g Zucker
2 Päckchen Vanillezucker
300 g Mehl

Glasur:
150 g Bitterkuvertüre
30 g Hartfett

Aus Milch, Pudding- und Soßenpulver mit wenig Zucker einen Pudding kochen und auf den ausgerollten Hefeteig streichen. Zerlassene Butter mit Zucker, Vanillezucker und Mehl zu nicht zu großen Streuseln kneten und die Puddingschicht damit abdichten. Kuvertüre und Hartfett im Wasserbad schmelzen. Die ziemlich flüssige Glasur mit einem Pinsel auf dem lauwarmen Kuchen verteilen. Die feine Glasur verhindert ein Aufweichen der Streusel.

Backzeit: 30-35 Minuten
Hitze: 180 Grad

Saftig-knuspriger Kuchen, der an den ersten beiden Tagen am besten schmeckt.

Kleingebäck wie in alten Zeiten

Mandelecken

150 g Margarine, 100 g Zucker
1 Päckchen Vanillezucker
1 Prise Salz
2 kleine Eier, 1 EL Milch
250 g - 275 g Mehl
2 gestrichene TL Backpulver
1 Glas Orangen- oder Aprikosenkonfitüre
100 g Mandelblättchen
1 EL Zucker, Schokoladenguss

Gewürfelte Margarine, Zucker, Vanillezucker, Salz, Eier und Milch untereinander hacken. Mehl nach und nach mit dem Backpulver zugeben und einen nicht zu festen Teig kneten. Kurz kühl stellen. Teig in Blechgröße ausrollen und auf ein gefettetes und mit Mehl bestäubtes Blech legen. Gut verrührte Konfitüre aufstreichen. Mandelblättchen und Zucker darüber streuen und backen. Noch warm in 8 x 8 cm große Quadrate schneiden, dann in Dreiecke schräg durchschneiden. Mit Schokoglasur (zerlassene Bitterschokolade) garnieren.

Backzeit: etwa 20 Minuten
Hitze: 180 Grad

Tipp: *Dieses fruchtige Mandelgebäck aus DDR-Zeiten, das auch zu Festlichkeiten gern gereicht wurde, schmeckt auch gut mit Kokosraspeln bestreut.*

Thüringer Sahnekringel

250 g Mehl
175 g kalte Butter
1 Eigelb
3 EL süße Sahne
1 EL Zucker
Staubzucker

Mehl, Butterstückchen, Sahne und Eigelb rasch verkneten und als Kugel geformt 30 Minuten kaltstellen. Nun nicht zu dünn (1/2 cm dick) ausrollen. Ringe (ca. 8 cm Ø = 20 Stück) ausstechen, mit Zucker bestreuen und backen.
Dieses Blätterteig ähnliche Gebäck erkaltet mit Staubzucker besieben.

Backzeit: 10 - 15 Minuten
Hitze: 200 Grad

Ochsenaugen

(18-20 Stück)

75 g Zucker, 150 g Margarine
2 Eigelb
200 - 225 g Mehl
1 Löffelspitze Backpulver
500 g Rohmarzipan
50 g Staubzucker
1/4 Fl. Bittermandelöl, 2 Eiweiß
1 Glas nicht zu weiche Marmelade oder Konfitüre

Zucker, Margarine und Eigelb verrühren. Mehl und Backpulver unterkneten. Teig ausrollen und Plätzchen von 6-7 cm Ø ausstechen. Marzipanmasse mit Staubzucker, Bittermandelöl und Eiweiß verkneten. In einen Spritzbeutel füllen und Ringe um die Plätzchen spritzen. In die Mitte Marmelade geben und backen. Erkaltet dünn mit Staubzucker besieben. Althergebrachtes und sehr beliebtes fruchtiges Marzipangebäck.

Backzeit: 20 - 25 Minuten
Hitze: 180 Grad, untere Schiene

Schmätzchen

(20 Stück)

Plätzchen:

75 g Zucker, 2 Eigelb
100 g Margarine, 1 EL Wasser
1 Löffelspitze Backpulver
200 - 225 g Mehl

Baiserhäubchen:

2 Eiweiß, 1 Prise Salz
75 g Zucker, 25 g Staubzucker
1 TL Speisestärke

Schokocreme:

250 ml Milch
1/2 Päckchen Puddingpulver
50 g Kuvertüre, 75 g Butter

Dieses Gebäck, das auf jeder Kaffeetafel geschmacklich und optisch etwas hermacht, kann man in Etappen backen.

Alle Zutaten mit 2/3 des Mehls und Backpulver verhacken, den Rest unterkneten und ausrollen. Mit ca. 6 cm Ø Ausstechförmchen ca. 20 Plätzchen ausstechen und backen.

Für die Baiserhäubchen Eiweiß mit 1 Prise Salz bei niedriger Stufe langsam schaumig schlagen. Zucker nach und nach einrieseln lassen und den Eischnee bei mittlerer Stufe ganz steif schlagen (4-6 Minuten). Staubzucker und Speisestärke mit dem Löffel untermischen. Mit Spritzbeutel Häufchen auf Papier spritzen und bei 50 Grad 2 bis 3 Stunden oder länger mehr trocknen als backen. In einer Dose aufbewahren, damit sie keine Luftfeuchtigkeit anziehen und weich werden.

Für die Creme Kuvertüre in der Milch langsam schmelzen und aufkochen. Puddingpulver einrühren und zu einem Pudding kochen. Weiche Butter cremig schlagen und den handwarmen Pudding löffelweise unterschlagen.

Mit dem Spritzbeutel einen Cremekranz um jedes Plätzchen spritzen und vor Verzehr das Baiserhäubchen darüber setzen.

Plätzchen:

Backzeit: 15-20 Minuten
Hitze: 180 Grad

Baiserhäubchen:

Trockenzeit: 2-3 Stunden
Hitze: 50 Grad

Tulpenplätzchen
(15 Stück)

125 g Mehl, 50 g Zucker
50 g Butter, 1 Eigelb
1 EL Wasser
1 Messerspitze Backpulver
8 schöne Mandeln
16 Belegkirschen
3 -4 grüne Geleefrüchte
Eiweiß, Staubzucker
1 - 2 TL Hartfett

Alle Zutaten mit der Hälfte des Mehles verhacken. Rest Mehl mit Backpulver allmählich unterkneten. Den Teig ausrollen und etwa 15 Plätzchen von 5 - 6 cm Ø ausstechen, auf ein Blech legen und backen.
Staubzucker mit etwas Eiweiß und zerlassenem Hartfett zu einem streichfähigen Guss verrühren und auf die Plätzchen streichen. Eine halbe abgezogene Mandel auflegen, daran 1/2 rote Belegkirsche legen und zerschnittene grüne Geleefrüchte als Gras. (siehe Foto)
Ein allerliebstes Gebäck für den Kindergeburtstag, bei dem schon die Zubereitung Freude macht.

Backzeit: 10 - 15 Minuten
Hitze: 180 Grad

Friesenschnitten

Teig:
4 Eigelb
100 g Zucker
125 g Margarine
3 EL Milch
100 g Mehl
50 g Speisestärke
1/2 Päckchen Backpulver
4 Eiweiß
150 g Zucker
1 Päckchen Vanillezucker
100 g Mandelblättchen

Füllung:
400 ml Schlagsahne
2 Päckchen Sahnesteif
1/2 Glas Pflaumenmus
1-2 EL Staubzucker

Eigelb mit Zucker cremig schlagen. Zerlassene, abgekühlte Margarine mit der Milch unterschlagen. Mit Mehl, Speisestärke und Backpulver nun alles zu einer cremigen Masse nur kurz verschlagen. Alles auf Papier streichen. Eiweiß mit Zucker und Vanillezucker ganz steif schlagen und gleichmäßig über der Teigplatte verteilen. Mit Kamm darüber fahren oder kleine Dellen mit dem Löffel in die Schaummasse drücken.
Mandelblättchen darüber streuen und auf der unteren Schiene backen. Noch heiß das Papier abziehen. Die Teigplatte in 2 Hälften zerschneiden. Eine Hälfte mit Pflaumenmus bestreichen und die mit Sahnesteif steifgeschlagene Sahne (ohne Zucker) darüber geben. Die andere Teighälfte in Schnitten ca. 8 x 4 cm schneiden und auf die Sahne legen. Kühl stellen, dann in Schnitten schneiden. Mit Staubzucker dünn bestäuben.

Backzeit: 30 Minuten
Hitze: 175 Grad, untere Schiene

Tipp: Die Schnitten können schon ein paar Tage vor Verzehr gebacken und später erst gefüllt werden. Auch mit Füllung sind sie am 2. Tag noch frisch.

Es lohnt sich diese Schnitten zu backen, sie sind ein kleiner Friesentraum. Etwas Besonderes auf der Kaffeetafel.

Gothakranz

(20 cm Ø)

125 g Margarine
100 g Zucker
3 Eigelb
125 g Mehl
50 g Speisestärke
1/2 Päckchen Backpulver
3 EL Milch
2 EL Rum
3 Eiweiß
1 Prise Salz

Für die Form:

Öl, Grieß

Creme:

375 ml Milch
3 EL Zucker
1 Päckchen Vanillepuddingpulver
100 g Butter
50 g feste Würfelmargarine
1 EL Staubzucker
50 g Bitterschokoladenkuvertüre
1 geh. TL Kakao
Krokant

Weiche Margarine mit Zucker und Eigelb cremig schlagen. Mehl, Speisestärke, Backpulver und Milch mit Rum abwechselnd unterschlagen. Nun das mit Salz steif geschlagene Eiweiß locker unterheben. Alles in eine mit Öl ausgepinselte und mit Grieß ausgestreute Kranzkuchenform füllen und backen.
Aus Milch, Zucker und Puddingpulver einen Pudding kochen. Butter, Margarine und Staubzucker cremig schlagen. 1/3 der Creme beiseite stellen und den großen Rest der Creme mit Kakao und zerlassener abgekühlter Kuvertüre vermischen. Den Kranz zwei- dreimal durchschneiden und mit der Kakaocreme füllen. Mit der hellen Creme den Kranz bestreichen und mit Krokant (früher nahm man geröstete Haferflocken) dick bestreuen.

Backzeit: 35-40 Minuten
Hitze: 180 Grad, untere Schiene

Tipp: *Das Gemisch aus 1/3 Margarine und 2/3 Butter ergibt eine lockere und leichte Creme.*

Der kleine Gothakranz eignet sich besonders für Festlichkeiten, weil er sich gut in kleine Stücke schneiden lässt, die nicht umfallen.

KIRSCHKRANZ

200 g Margarine
200 g Zucker
1 Päckchen Vanillezucker
1 TL Zimt
2 EL Rum
3 Eier
225 g Mehl
2 TL Backpulver
100 g gemahlene Nüsse oder Mandeln
500-600 g frische Süßkirschen
1 EL Semmelmehl
1 EL Staubzucker

Margarine, Zucker, Gewürze und Eier gut cremig schlagen. Das mit Backpulver gemischte Mehl unterschlagen. Mit Rum und Nüssen gut verrühren. Einen kleinen Teil der Masse in eine gut gefettete und mit Semmelmehl ausgestreute Kranzkuchenform streichen. Den großen Rest der Teigmasse mit den entsteinten Kirschen vermischen und als Belag über den Kuchenboden verteilen. Backen. Erkaltet mit Staubzucker besieben.

BACKZEIT: 60 MINUTEN
HITZE: GUTE UNTERHITZE; 190-200 GRAD

Tipp: Heute legt man Wert auf entsteinte Kirschen. Früher hat man sich aus Zeitmangel meist nicht diese Mühe machen können und verwendete die Kirschen mit Stein. So sind sie saftiger.

Ohne Klöße geht es nicht

„Wer das Wort Thüringen hört, denkt zuerst an die Klöße!“ Dabei gibt es *das* einmalige Originalrezept für Thüringer Klöße gar nicht. In jedem Ort werden sie anders zubereitet. Die Suhler „Hütes“ unterscheiden sich schon von den Greizer Klößen. Meistens lernen die Töchter das Rezept von der Mutter. So werden Erfahrungen über Generationen weitergereicht. Donnerstag und Sonntag waren von alters her Kloßtage. Dabei sind bis heute die echten Thüringer Klöße dem Sonntag und dem feinen Braten vorbehalten. Die anderen Kloßarten gibt es auch wochentags.

THÜRINGER KLÖSSE

(für ca. 10 Klöße)
Historisches Rezept

2 kg geschälte rohe Kartoffeln
2 TL Salz
evtl. 1 EL Kartoffelmehl
nach Belieben Semmelröstel von 1 Semmel
1 TL Butter

In Thüringen heißt es: „Ein guter Kloß und eine gute Magd stehen von alleine auf!“.

1/3 der Kartoffeln (ca. 700 g) in Stücke schneiden, mit 1/2 l Wasser kochen und mit dem Kartoffelstampfer zu Brei zerdrücken.
Die restlichen Kartoffeln entweder per Hand auf einem Reibeisen oder mit der Küchenmaschine reiben und die austretende Flüssigkeit abgießen. Den „Reibrich“ gut ausdrücken. In eine Schüssel geben, mit dem Salz vermischen und den kochend heißen Kartoffelbrei auf einmal oder in zwei Portionen darüberschütten. Mit dem Kloßstampfer gut mischen und verrühren, bis sich der Kloßteig von der Schüssel löst. Ist der Teig zu dünn geraten, noch 1 EL Kartoffelmehl zugeben.
Klöße formen und in kochendes Salzwasser gleiten lassen. Wer will, kann auch geröstete Semmelwürfel in die Kloßmitte geben. Die Klöße nur leise wallen lassen. Wenn sie „schwimmen“ – also an die Wasseroberfläche gestiegen sind –, den Topf von der heißen Platte nehmen und noch 10 Minuten ziehen lassen. Die Klöße dürfen nicht zu lange auf dem Herd bleiben, sonst zerkochen sie! Mit Kloßweiß werden sie nicht grau.

Tipp: Die „echten“ Thüringer Klöße werden zu allen „feinen“ Gerichten gegessen. Sie haben innen meist keine Semmelkrusteln. Die Klöße werden beim Essen zuerst auf den Teller genommen, etwas aufgerissen oder auch mit der Gabel breit gedrückt. Erst dann kommt die „gute Bratensoße“ darüber.

Stärkeklösse
(für ca. 6–8 Stück)

700 g gekochte Pellkartoffeln
150 g Kartoffelmehl
1 gestrichener TL Salz
1 Semmel
1 Ei
1 TL Butter

Die gekochten Kartoffeln pellen, durch die Kartoffelquetsche pressen und mit Kartoffelmehl, Salz und Ei zu einem Teig verkneten. Die Semmel würfeln und in der Butter anrösten. Aus der Teigmasse 6–8 Klöße formen, jeweils drei Semmelröstel in die Mitte geben. Die Klöße in kochendem Salzwasser 10–15 Minuten köcheln lassen, dann noch 10 Minuten ohne Energiezufuhr ziehen lassen. Schwimmen die Klöße an der Oberfläche und hat sich ihre Größe verdoppelt, sind sie fertig.

Süßsaurer Hase mit Stärkeklößen ist ein beliebtes Wochentagsgericht.

Wickelklösse
(für 10–15 Stück)

750 g geschälte, gekochte Kartoffeln
150 g Mehl
50 g Kartoffelmehl
1/2 TL Salz
1 Ei
1 TL Butter
50 g Semmelmehl

Die lauwarmen Kartoffeln durch die Kartoffelquetsche pressen und mit Mehl, Speisestärke, Salz und Ei verkneten. Den Teig dünn ausrollen und mit den in Butter leicht angebräunten Semmelbröseln bestreuen. Den Teig in Streifen von 30 x 15 cm schneiden und von der breiten Seite her aufrollen. 6–7 cm lange Röllchen abschneiden. Deren Enden zudrücken. In leise siedendem Salzwasser 5 Minuten köcheln lassen. Dann noch 10–15 Minuten ohne Energiezufuhr ziehen lassen. Die Wickelklöße mit kaltem Wasser abschrecken, herausheben und sofort servieren.

Wickelklöße sind ein „Donnerstagsgericht" und werden traditionell zu Majoransoße mit Blutwurst oder zu Petersiliensoße mit Schweinerippchen serviert (siehe S. 79 und 81).

Semmel- oder Serviettenklösse „Elfriede“

4 Semmeln (200 g)
2 Eier
200 g griffiges Mehl
1 TL Salz
200 ml Milch
50 g Margarine oder Butter
1 TL Backpulver

Die altbackenen Semmeln zuerst in Scheiben, dann in kleine Würfel schneiden und in eine Schüssel geben. Eier und die Hälfte des Mehls zugeben und alles mit einem Löffel gut mischen, dann salzen. Die Milch leicht erwärmen und dabei die Margarine oder Butter darin schmelzen lassen. Die nur lauwarme Milch zum Semmelteig geben, unterrühren und 10 Minuten ruhen lassen. In dieser Zeit nehmen die Semmelwürfel die Feuchtigkeit auf. Anschließend das mit dem Backpulver gesiebte restliche Mehl unterkneten. Zwei längliche Klöße formen. In einem großen Topf Salzwasser zum Kochen bringen. Jeden Kloß einzeln auf ein bemehltes Wischtuch legen, die Zipfel oben zusammenknoten und den Serviettenkloß mit dem Tuch über einen Querstiel in kochendes Salzwasser hängen. Die Klöße 20–25 Minuten kochen und 10 Minuten ziehen lassen. In Scheiben geschnitten auf einer Platte anrichten.

Diese Klöße sind kein Ur-Thüringer Gericht, sondern erst mit den vielen Zuwanderern aus dem Böhmischen hier heimisch geworden. Da sie aber so gut zur Thüringer Küche passen, haben es die Hausfrauen auch im Semmelkloßkochen mittlerweile zur Meisterschaft gebracht. Die unbestreitbar besten bereitet meine Freundin Elfriede zu.

Tipp: *In manchen Orten verwendet man gern geröstete Semmelwürfel für diese Klöße, aber dann wird der Teig dunkel und verliert seine schöne Farbe. Ich würde es nicht empfehlen.*

Gebackene Klösse

(für ca. 10–12 Scheiben)

500 g gekochte Pellkartoffeln
1 gestrichener TL Salz
Muskat
100 g Mehl
30 g Margarine

Die Kartoffeln pellen und durch die Kartoffelquetsche pressen. Mit Salz und einem Hauch Muskat würzen. Das Mehl zufügen und zu einem Teig verkneten. Eine längliche Rolle von ca. 8 cm Durchmesser formen und davon 10 bis 12 Scheiben abschneiden. Die Klöße in der erhitzten Margarine ca. 10–15 Minuten auf beiden Seiten knusprig braun braten.

Diese Kloßscheiben werden mit Eiern in weißsaurer Soße oder mit Blutwurst gegessen. Sie sind ein Wochentagsessen und gehören in Thüringen nicht auf den Sonntagstisch.

Seidenklösse

(für ca. 8–10 Stück)

1 kg gekochte Pellkartoffeln
200 g Kartoffelmehl
1 TL Salz
1/4 l Milch
1 TL Butter
1–2 Semmeln

Die warmen Kartoffeln pellen, durch die Kartoffelquetsche pressen, mit Kartoffelmehl und Salz vermischen. Diese Kartoffelmasse mit der kochend heißen Milch überbrühen und mit dem Kloßstampfer zu einem Teig formen. Den Kloßteig dann mit der Hand weiter kneten, dabei die Hand immer wieder in kaltes Wasser tauchen. In der Butter die in Würfel geschnittene Semmel rösten. 8 bis 10 Klöße formen, in die Mitte die gerösteten Semmelwürfel fügen und in kochendes Salzwasser geben. 20 Minuten bei offenem Topf und geringer Hitzezufuhr leise köcheln lassen.

Seidenklöße werden heute anstatt der früher üblichen, klebrigen Mehlklöße gegessen. Sie sind leichter, lockerer und wohlschmeckender.

Halbseidene Klösse

(für ca. 6–8 Stück)

750 g Kartoffeln
200 g Kartoffelmehl
1 1/2 TL Salz
1 Spur Muskat
2 Semmeln oder Weißbrotscheiben
1 TL Butter

Kartoffeln schälen und in Würfel schneiden. Nur so viel Wasser auffüllen, dass die Kartoffeln im Topf gerade davon bedeckt sind. Kochen, bis die Kartoffeln ganz weich sind; dann zu Brei stampfen. Kartoffelmehl, Salz und Muskat in einer Schüssel vermischen und den kochendheißen Kartoffelbrei darüberschütten. Mit dem Kloßstampfer rühren und stampfen, bis sich der Teig von der Schüssel löst. Dann mit der Hand weiter durcharbeiten; dabei die Hand immer wieder in kaltes Wasser tauchen. So bekommt der Teig seinen seidigen Glanz. (Ist der Teig zu weich geraten, noch etwas Kartoffelmehl zugeben.)

Die Semmeln oder Weißbrotscheiben in Würfel schneiden und in der Butter knusprig braun rösten. Etwa 6–8 apfelgroße Klöße formen. In jeden Kloß 3-4 Semmelröstel geben. In reichlich Salzwasser aufkochen und 10 Minuten ziehen lassen.

Halbseidene Klöße werden gern zu den „derben" Braten gegessen – also zu Hammel und Schweinsknochen.

Tipp: *Diese Klöße sind von allen Kloßarten besonders leicht und gut verdaulich.*

HEFEKLÖSSE

(für ca. 8 Stück)

500 g Mehl
40 g Hefe
200 ml Milch
3 EL zerlassene Margarine
2 EL Zucker
2 Eier
1/4 TL Salz

Das Mehl in eine Schüssel geben und eine Vertiefung eindrücken. Die Hefe in der lauwarmen Milch verquirlen. In die Mitte gießen und zunächst mit einem Teil des Mehls verrühren, dann alle übrigen Zutaten (Margarine, Zucker, Eier, Salz) hinzufügen und den Teig tüchtig schlagen. Mit bemehlten Händen Klöße – so groß wie kleine Äpfel – formen. Die Klöße auf ein bemehltes Brett legen und an einem warmen Ort ca. 1 Stunde aufgehen lassen. In einem großen Topf reichlich Salzwasser zum Kochen bringen. Die Klöße einlegen und 5 Minuten kochen lassen, dann wenden und nochmals 5 Minuten kochen lassen. Die Klöße werden dabei doppelt so groß wie vorher. Mit einer Lochkelle die garen Klöße herausnehmen, sofort auf einen Teller legen und mit einer Gabel aufreißen (dann fallen sie nicht zusammen).

Tipp: Im Unterschied zu anderen Klößen vertragen Hefeklöße längeres Stehen überhaupt nicht. Deshalb werden sie nicht in einer Schüssel serviert, sondern aus dem Kochwasser genommen und sofort auf die Teller verteilt zum Verzehr.

Der Osterschmaus

Ostern begann früher am Gründonnerstag. Eine große Schüssel Rapunzelsalat gehörte unbedingt auf den Tisch. Ein traditionelles Karfreitagessen sind die „gebackenen Klöße mit weißsaurer Brüh'". Auch Spinat mit Eiern ist ein Gericht für diesen Tag.

An den Osterfeiertagen selbst wurde gern Zickelbraten gegessen. Hasenbraten ist ebenfalls sehr beliebt. Und ohne die Hochzeitssuppe kann kein größeres Familienfest stattfinden.

Klare Hochzeitssuppe

1 Suppenhuhn
1 TL Salz
Wurzelwerk aus:
20 g Sellerie
20 g Möhre, 50 g Zwiebel

Für den Eierstich:
1 Ei, 2 EL Milch
1 Prise Salz
1 Prise Muskat
2 TL Margarine zum Einfetten des Töpfchens

Für die Gemüseeinlage:
100 g Feinfrost-Erbsen
1 Messerspitze Butter
100 g zarte Möhren
150 g Spargel
1/2 TL Kerbel
frisch gehackte Petersilie

Das gut gewaschene Suppenhuhn samt den Innereien in einen ausreichend großen Topf geben und soviel kaltes Wasser zugießen, dass es vollständig bedeckt ist. Zum Kochen bringen und aufgedeckt leise köcheln lassen; dabei ständig die Brühe abschäumen. Nach einer Stunde Garzeit das Salz und das geputzte Wurzelwerk zugeben und weitere 2 Stunden bei milder Hitze leise kochen lassen. Den Topf niemals zudecken, dann wird die Brühe trüb. Kein Wasser zugießen, das verdirbt den Geschmack. Das gare Suppenhuhn aus der Brühe heben. Die Brühe vorsichtig durch ein Sieb gießen und vollständig erkalten lassen. Dann das erstarrte Fett abheben. Vom ebenfalls erkalteten Suppenhuhn Herz, Magen und etwas feines Brustfleisch in feine Streifen schneiden und für die Suppe bereitstellen.

Für den Eierstich Ei, Milch, Salz und Muskat gut verquirlen. Die Masse durch ein Sieb in ein gut eingefettetes, kleines Töpfchen gießen. Das Töpfchen zugedeckt in einen breiten Topf mit so viel heißem Wasser stellen, dass das Töpfchen zu zwei Dritteln im Wasser steht. Das Wasserbad bei gelinder Hitze 20-30 Minuten sehr heiß halten, aber nicht sprudelnd kochen lassen, vorsichtig aus dem Töpfchen stürzen (eventuell vorher mit einem Messer am Rand entlang fahren) und in feine Streifen schneiden. Bereitstellen.

Die Möhren putzen und in wenig Wasser in 15-20 Minuten weich dünsten. Dann in Würfel schneiden. Die Feinfrost-Erbsen in 1 Messerspitze Butter 5 Minuten weich dünsten. Den Spargel schälen, ca. 5 cm lange Stücke schneiden und in wenig

Wasser mit etwas Butter ebenfalls weich dünsten. Die Brühe erhitzen und den Kerbel hinzufügen. Abschmecken. Sie soll mild-würzig sein und darf niemals salzig schmecken.
Die vorgewärmten Suppenteller bereitstellen. Auf jeden Teller 1 TL Möhrenwürfel, 1 TL Erbsen, 1 TL Eierstich, 2-3 Spargelstücke, 2-3 Streifen Hühnermagen, Herz und Hühnerfleisch geben. Eine große Schöpfkelle kochendheiße Brühe auf jeden Teller gießen und gehackte Petersilie darüberstreuen.

Diese feine Suppe gibt es von alters her zu jeder Konfirmation oder Jugendweihe, Taufe oder Hochzeit sowie an Fest- und Feiertagen als Vorspeise. Jeder kennt sie, doch nicht alle wissen, wie sie zubereitet wird. Wer Hühnerbrühe nicht mag, kann auch kräftiges Rindfleisch und Knochen zur guten Brühe nehmen.

Zickelbraten

1/4 Zickel (ca. 2-2 1/2 kg)
1 gehäufter TL Salz, Pfeffer
125 g Semmelmehl
125 g Butter, 50 g Speck
1 Zwiebel (ca. 50 g)
Salz, Pfeffer
1-2 TL Essig
1/4 TL Zucker

Das magere Zickel in Portionsstücke teilen, waschen, aber nicht abtrocknen. Mit Salz und Pfeffer einreiben, in Semmelmehl wenden. In 50 g zerlassener Butter den in Scheiben geschnittenen Speck erhitzen und die Fleischstücke ringsum schön braun anbraten. Die geschälte, halbierte Zwiebel zugeben und 1/4 l heißes Wasser zugießen. Auf das Fleisch 2 EL vom übrig gebliebenen Semmelmehl streuen. Die restliche Butter zerlassen, etwas davon über den Braten geben und die Pfanne zugedeckt in die vorgeheizte Herdröhre stellen. Bei 200 Grad 45 Minuten garen lassen. Eventuell ein wenig heißes Wasser nachgießen. Die Pfanne aus dem Herd nehmen. Die Fleischstücke auf die Auffangpfanne legen, nochmals mit Semmelmehl bestreuen und mit Butter beschöpfen, bis beides aufgebraucht ist.
Die Soße mit Salz, Pfeffer, Zucker und Essig herzhaft abschmecken. Durch das Semmelmehl ist sie bereits gebunden.
Dazu gehören Thüringer Klöße.

Ein althergebrachtes Zickelrezept, das immer noch weit verbreitet ist und seines Wohlgeschmacks wegen wieder regelrecht in Mode kommt.
Früher gab es Zickel nur im Frühjahr. Um Ostern hatten sie das richtige Gewicht, und Zickel war ein berühmter Osterschmaus. Heute, im Zeitalter der Gefriertruhen, kann das Gericht zu jeder Jahreszeit zubereitet werden. Aber zu Ostern schmeckt es am besten.

Rapunzelsalat (Feldsalat)

250 g Rapunzeln
1 TL Essig
1 EL Öl
1 Prise Salz
1 Prise Zucker

Die kleinblättrigen Rapunzeln putzen (eventuell noch vorhandene Wurzeln abschneiden, welke Blätter entfernen), sorgfältig waschen, trockenschleudern (geht auch mit zwei gleich großen Sieben, die man gut zusammenhält). In eine große Schüssel geben und mit Essig, Öl, Salz und Zucker leicht vermischen. Die zarten Rapunzeln vertragen keine Salatsoße. Sofort servieren.

Rapunzeln sind herzhafter als grüner Salat. Zu Ostern sind die ersten zarten Blätter im Garten gerade groß genug, um geerntet zu werden.

Zitronenspeise

3 Eier, 150 g Zucker
1/8 l Zitronensaft
1 Päckchen Gelatine
(10 g, gemahlen, weiß)
3/8 l Wasser
1/4 l Schlagsahne
Bitterschokolade

Die Eigelb mit 100 g nicht zu grobem Zucker cremig schlagen, nach und nach den Zitronensaft unterrühren. Die Gelatine einweichen, in dem heißen Wasser auflösen, wieder erkalten lassen und unter die Eigelbcreme rühren. Kurz vor dem Erstarren- wenn die Masse deutlich dicklich wird- ein Eiweiß mit den restlichen 50 g Zucker steif schlagen und vorsichtig unter die Creme heben. Die Creme ab und zu leicht umrühren, damit sie gut gebunden bleibt und sich nichts absetzt. In Portionsgläser füllen. Mit Schlagsahnetupfen und geraspelter Bitterschokolade garnieren.

Die Speise schmeckt besonders fein, wenn die Schlagsahne mit Vanillezucker abgeschmeckt wurde. Die Zitronenspeise ist eine altbekannte, erfrischende Leckerei. Heute liebt man in Thüringen auch üppige Eisbecher zum Nachtisch.

Schwein, Rind und Schöps

Thüringer sind Fleischesser. Stehen Braten und Klöße auf dem Tisch, vermisst niemand die Gemüseschüssel. Der große Sonntagsbraten wird in der Regel schon einen Tag zuvor zubereitet. Er wird kalt aufgeschnitten, und nur kurz vor dem Servieren in der Röhre „überbräunt“.

Wichtiger als der Braten ist aber die gute Soße. Dafür scheut die Hausfrau keine Mühe. Mindestens eine Stunde lang wird das Fleischstück unter gelegentlichem Rühren und Zugießen angebraten, damit der erwünschte braune Bratfond entsteht. Je edler das Fleisch, um so weniger würzt man – nur mit Salz, Pfeffer, reichlich Sahne, Schmand oder Joghurt.

Schweinslende in Sahnesosse mit Waldpilzen

1 Schweinslende (ca. 500-600 g)
1 knapper TL Salz
Pfeffer
1 TL Senf
20 g Margarine
20 g Butter
20 g Speck
20 g Zwiebel
1 EL Schmand
1/2 TL Mehl

Für die Waldpilze:
20 g Butter
250 g Waldpilze
20 g Zwiebel
Salz, Pfeffer

Mit Klößen auch ein Festtagsgericht!

Die Lende mit Salz und Pfeffer einreiben und dünn mit Senf bestreichen. In dem heißen Margarine-Butter-Gemisch den in Scheiben geschnittenen Speck anrösten, die Lende zugeben und ringsum schön braun anbraten. Mit etwas Wasser ablöschen und die geschälte Zwiebel zugeben. Den Fond wieder „einbraten" lassen, vom Pfannenrand und Pfannenboden lösen und mit Wasser ablöschen. Den Schmand zum Bratsatz geben, bräunen lassen. Erst wenn der Bratfond kräftig braun ist, 1/4 l Wasser zugießen und die Lende in offener Pfanne bei 175 Grad in der vorgeheizten Herdröhre ca. 45 Minuten fertig braten lassen. Dabei das Fleisch immer wieder mit der Flüssigkeit begießen und den Bratsatz von den Pfannenseiten lösen. Die Lende herausnehmen, ruhen lassen, in Scheiben schneiden.
Die Scheiben dachziegelartig in der Pfanne anordnen, mit etwas Bratfond übergießen und nochmals kurz in die heiße Röhre stellen. Den Bratfond durch ein Sieb streichen, mit 1/2 TL in kaltem Wasser angerührtem Mehl binden und als Soße zum Fleisch servieren.
Die geputzten und geschnittenen Pilze mit der kleingeschnittenen Zwiebel in die heiße Butter geben und zugedeckt etwa 5 Minuten dünsten lassen. Den Deckel abnehmen und die Pilze aufgedeckt so lange braten, bis alle Flüssigkeit verkocht ist. Dann sind die Pilze gar und glänzen.
Die Pilze werden über den Lendenschnitten auf einer Platte angerichtet. Dazu gibt es Salzkartoffeln und einen grünen Salat.

Dickbein mit Sauerkraut

1500 g Dickbein (Schweinshaxe)
1 mittlere Zwiebel
1 Knoblauchzehe
1 kleines Lorbeerblatt
3 Pimentkörner
5 Pfefferkörner
1/2 TL Kümmel
2 TL Salz
3/4 l Wasser

Für das Sauerkraut:
500 g Sauerkraut
1/2 l Wasser
1/2 TL Kümmel
1 kleine Möhre
1 Kartoffel
1/4 l Fleischbrühe
1 TL Zucker, Salz

Das Dickbein in eine Bratpfanne legen, alle Gewürze und das Wasser hinzugeben, Deckel aufsetzen und in die vorgeheizte Bratröhre schieben. Bei 200 Grad ca. 2 Stunden lang garen. Zwischendurch Wasser nachgießen; es soll am Ende aber nicht mehr als etwa 1/4 l Fond übrigbleiben. Ist das Fleisch weich, den Knochen entfernen und das Fleisch in dicke Scheiben schneiden. Dachziegelartig, immer mit der Schwarte nach oben, wieder in die Pfanne geben und nochmals in die heiße Röhre schieben. Bei 200 Grad weitere 15-20 Minuten „überbräunen" lassen. Dabei soll etwas vom Fett ausbraten. Dann das Fleisch auf einer vorgewärmten Platte anrichten.
Das Sauerkraut mit 1/2 l Wasser, Kümmel und der in Scheiben geschnittenen Möhre in ca. 1 1/2 Stunden weich kochen. Das Kochwasser abgießen. Die rohe Kartoffel reiben und unter das trockene Kraut mischen. Soviel heiße Fleischbrühe auffüllen, dass das Kraut noch schön dicklich ist. 1 TL Zucker unterrühren, dann schmeckt das Kraut etwas milder. Nach Belieben mit Salz würzen.
Dazu werden Salzkartoffeln gereicht.

Dickbein heißt anderswo Schweinshaxe oder Eisbein. In Thüringen liebt man das Gericht vor allem im Herbst und im Winter. Das dazugehörige Sauerkraut wird anders zubereitet als jenes, welches man zu Bratwürsten isst.

Schweinekoteletts mit Sosse und dickem Blumenkohl

Für die Koteletts:
4 Koteletts
Mehl, Salz, Pfeffer
1 Ei, Semmelmehl
5 EL Öl

Für die braune Sosse:
2 TL Margarine
1 Zwiebel, 1/2 Knoblauchzehe
1 kleines Stück Sellerie
1 Stück Möhre
1 kleines Lorbeerblatt
2 TL Butter

Für den dicken Blumenkohl:
1 Blumenkohl, 1 TL Salz
1/2 l Wasser
1 Eigelb
1 gehäufter EL Mehl
1 EL Schmand
1/8 l Blumenkohlkochwasser
1/2 TL Zucker
1 TL Zitronensaft
Muskat, 1/2 TL Salz
2 TL Butter

Die Koteletts von den Knochen befreien, klopfen, in Mehl wenden und mit Salz und Pfeffer bestreuen. Das Ei mit Wasser verschlagen und die Koteletts darin wenden. Anschließend mit Semmelmehl panieren und übereinandergelegt mindestens eine Stunde ruhen lassen. Sie werden dann besonders knusprig.

Inzwischen die Kotelettknochen wenn möglich etwas zerkleinern, mit Salz und Pfeffer bestreuen und in der Margarine anbraten. Zwiebel und Knoblauch schälen und fein schneiden. Das Gemüse putzen, waschen und zerkleinern, dazugeben und mitdünsten lassen. Mehrmals Wasser zugießen, den Bratfond „einbraten" lassen und den Vorgang wiederholen. Zum Schluss das Lorbeerblatt und 3/4 l Wasser hinzufügen. 1-2 Stunden kochen lassen. Wenn nötig, etwas Wasser nachfüllen. Es soll ca. 1/4 l leicht gebräunte Fleischbrühe entstehen. Die Butter in einem Tiegel zerlassen. Vom Panieren übrig gebliebenes Mehl und Semmelmehl darin anrösten, mit der Fleischbrühe ablöschen, einige Minuten kochen lassen, abschmecken und warm stellen.

Den gewaschenen, in nicht zu kleine Röschen geteilten Blumenkohl für eine Weile in Salzwasser legen, damit alles Ungeziefer entfernt wird. Wasser mit 1 TL Salz zum Kochen bringen, den abgetropften Blumenkohl dazugeben und 10 Minuten sprudelnd kochen lassen. Das Blumenkohlkochwasser abgießen und beiseite stellen. Den Blumenkohl in eine vorgewärmte Schüssel geben.

Eigelb, Mehl und Schmand in einem Töpfchen verrühren, 1/8 l Blumenkohlkochwasser zuge-

ben, verrühren und aufkochen lassen. Mit Zucker, Zitronensaft, einem Hauch Muskat und Salz kräftig abschmecken. Die Butter zerlassen und unter die Soße geben. Die Soße über den Blumenkohl gießen und warm stellen.
Zum Schluss die Koteletts in heißem Öl auf beiden Seiten in wenigen Minuten ganz knusprig braten. Dazu gehören Salzkartoffeln.

In Thüringen eine Selbstverständlichkeit: sogar zu Kotelett, Schnitzel und Bratklops zaubert die Hausfrau eine gute Soße!

Schweineleber mit brauner Sosse und Zwiebelringen

500 g Leber
3 EL Mehl, 5 EL Öl
50 g Zwiebel
Salz, Pfeffer
1/4 l Fleischbrühe oder Wasser
250 g Zwiebelringe
20 g Butter
Edelsüßpaprika

Die in Scheiben geschnittene Leber in Mehl wenden und in das heiße Öl geben. Auf jeder Seite 2-3 Minuten braten. Die gehackten Zwiebelwürfel darübergeben, mitbraten. Die garen, knusprig braunen Leberstücke mit Salz und Pfeffer bestreuen, aus der Pfanne nehmen und warm stellen. Im Bratsatz das übrig gebliebene Mehl goldbraun anrösten, mit Fleischbrühe oder Wasser ablöschen. Die Soße mit Salz und Pfeffer abschmecken, durchs Sieb gießen und warm stellen.
Die Zwiebelringe in heißer Butter goldgelb rösten. Vom Herd nehmen und mit etwas edelsüßem Paprika bestäuben. Die Zwiebelringe auf der Leber anrichten, Kartoffelpüree und Soße extra dazu reichen.

Ein in Thüringen heimisch gewordenes „altdeutsches“ Essen.

»Saures« oder Topfbraten

2 Schweinenieren
1/2 l Essigwasser
250 g Schweinebacke (Kopffleisch)
150 g Herz, 1 mittelgroße Zwiebel
1/2 Lorbeerblatt, 5 Pfefferkörner
4 Wacholderbeeren
2 Pimentkörner, 1 Nelke
1 1/2 TL Salz, 1 1/2 EL Essig
1 TL Zucker
2 EL gemahlener Thüringer Soßenkuchen
1 EL in trockenem Tiegel leicht gebräuntes Mehl
Salz, Essig und Zucker zum Abschmecken
30 g Butter
frisch gemahlener Pfeffer

Die Nieren waschen und 10 Minuten in leichtem Essigwasser kochen. Abkühlen lassen, halbieren und die Harngänge entfernen. Dann die Nieren mit dem gewaschenen Herz und dem vorbereiteten Kopffleisch in kochendes Wasser geben, die geschälte Zwiebel und die Gewürze einschließlich Essig und Zucker zufügen und in 1 1/2 Stunden weich kochen lassen. Die Brühe durch ein Sieb in einen kleinen Topf abgießen, das gare Fleisch abtropfen lassen und dann in Würfel schneiden.

Die Brühe mit dem in wenig lauwarmem Wasser angerührten Soßenkuchen und dem ebenfalls in Wasser angerührten braunen Mehl binden, aufkochen lassen und mit Essig, Zucker und Salz pikant abschmecken. Die Fleischwürfel hinzufügen und nochmals durchkochen lassen. Zuletzt die gebräunte Butter und den frisch gemahlenen Pfeffer hinzufügen.
Dazu Kartoffeln oder Stärkeklöße und einen Rapunzelsalat auftragen.

Tipp: Topfbraten kann man auch mit Schweinefleischwürfeln zubereiten.

„Saures", in anderen Thüringer Regionen auch als „Topfbraten" bekannt, ist ein sehr altes Gericht. So ähnlich werden auch Kutteln oder Flecke zubereitet, die heute aber nur noch wenige mögen. Der Soßenkuchen gehört in Thüringen unbedingt dazu. Ist keiner vorrätig, kann man sich auch mit übrig gebliebenen Pfefferkuchen helfen.

Schwalbennester auf Buttergemüse

1 Semmel, 500 g Gehacktes
(halb Rind, halb Schwein)
50 g Zwiebel, 1 EL Mehl
1 EL saure Sahne
ein Blatt frisches oder
1/2 TL getrocknetes Basilikum
Pfeffer und Salz nach Geschmack
(bei ungewürztem Gehacktem)
2 Eier, 4 hartgekochte Eier

Für das Buttergemüse:
50 g Butter
300 g geputzte Möhren
1 Kohlrabi (geschält 250 g)
1 TL Salz, 1 knapper TL Zucker
250 g grüne Erbsen
(frisch oder TK)
1 TL Mehl, 1 Prise Salz
1 Spritzer Zitronensaft
frische Petersilie

Die Semmel in Wasser einweichen, dann ausdrücken und mit dem gehackten Fleisch vermengen. Die kleingehackte Zwiebel, Mehl, saure Sahne, Gewürze (Salz und Pfeffer, nur wenn erforderlich) und die Eier unterrühren. Zu einem Teig verkneten. Eine kleine Kastenform mit Pergamentpapier auslegen und die Hälfte des Fleischteiges einfüllen. Die 4 hartgekochten Eier (8 Minuten!) schälen und hintereinander auf die untere Fleischschicht legen. Das restliche Gehackte darüberstreichen und in der Herdröhre bei 200 Grad etwa 60 Minuten garen. Erkalten lassen. Vorsichtig aus der Form heben, vier dicke Scheiben abschneiden und in eine Bratpfanne legen. Das Fleisch in der Röhre wieder erwärmen.
Inzwischen das Buttergemüse zubereiten. Dazu die Hälfte der Butter zerlassen. Die feingewürfelten Möhren und den in Stifte geschnittenen Kohlrabi mit einem EL heißem Wasser dazugeben. Mit Salz und Zucker würzen und zugedeckt bei gelinder Hitze 15 Minuten dünsten lassen. Die Erbsen zugeben und weitere 5 Minuten dünsten lassen. 1 TL Mehl darüberstreuen, unterheben und mit Salz sowie Zitronensaft abschmecken. 25 g leicht gebräunte Butter unterziehen. Mit frischer, gehackter Petersilie bestreuen und sofort servieren. Dazu gehören Salzkartoffeln.

Kalte, in etwas dünnere Scheiben geschnittene Schwalbennester werden am zweiten Kirmesfeiertag bereits zum Frühstück gegessen.

Schleizer Gulasch

500 g Rinderbraten
500 g Schweinebraten
100 g Margarine
50 g Speck
500 g Zwiebeln
1 Knoblauchzehe
100 g saure Sahne
1/4 TL Pfeffer
1 gehäufter TL Salz
3 Tomaten
2 EL Edelsüßpaprika

Das Fleisch waschen, trockentupfen und in walnussgroße Würfel schneiden. In der erhitzten Margarine den kleingeschnittenen Speck ausbraten, die Fleischwürfel hinzufügen und schön braun braten. Die Zwiebeln schälen und klein schneiden, die Knoblauchzehe schälen und ebenfalls klein schneiden. Beides zum Gulasch geben und unter ständigem Rühren mit braten lassen. Wenn die Zwiebel goldgelb geworden ist, die saure Sahne unterrühren. Unter ständigem Rühren weiter braten. Salz, Pfeffer und die geschälten, geviertelten Tomaten zugeben. (Mit kochendem Wasser brühen, dann lässt sich die Haut der Tomaten mühelos abziehen.) Alles schmoren lassen, bis die Flüssigkeit fast verdunstet ist. Erst dann 1/4 l heißes Wasser auffüllen, Paprika hinzufügen, gut umrühren und zugedeckt für 2 Stunden bei 150-175 Grad in die vorgeheizte Herdröhre stellen. Dann die Röhre abschalten und den Gulasch noch 1/2 Stunde im Herd ruhen lassen. Eventuell noch etwas heißes Wasser hinzufügen, wenn der Bratsatz zu sehr eingeschmort ist. Diese Soße ist bereits durch die Zwiebel sämig geworden und braucht keine spezielle Bindung.
Dazu gibt es Makkaroni oder Salzkartoffeln und grünen Salat.

In unserer Gegend ist der Gulasch sehr in Mode gekommen. Er wird auf unterschiedlichste Art zubereitet. Dieses Rezept wurde oft erprobt und ergibt ein sehr schmackhaftes Gericht.

Thüringer Mutzbraten

600 g ausgelöster Schweinekamm
1 TL Salz, Pfeffer
2 TL Majoran
1/2 TL Thymian
3-4 TL Senf
1 EL Öl
1/2 Flasche Schwarzbier
1/2 Knoblauchzehe
1 kleine Zwiebel
20 g Margarine

Den Schweinekamm längs und quer teilen, so dass vier große Würfel entstehen. Das Fleisch mit Salz, Pfeffer, Majoran und Thymian einreiben, mit Senf bestreichen und mit dem Öl beträufeln. Die Fleischwürfel dicht an dicht in eine tiefe Schüssel legen und mit Bier begießen, bis sie vollständig bedeckt sind. Knoblauch und Zwiebeln schälen und dazugeben. Mindestens 12 Stunden marinieren lassen, dabei mehrmals wenden.

Die Fleischwürfel trockentupfen, mit Öl bestreichen und auf den Bratrost des auf 175 Grad vorgeheizten Herdes legen. In die Fettauffangpfanne 20 g Margarine geben und sie unter den Rost schieben. Den Braten insgesamt 1 1/2 Stunden braten lassen, je 45 Minuten auf jeder Seite. Den in der Fettpfanne aufgefangenen Bratensaft mit der Hälfte der Schwarzbiermarinade ablöschen; dann immer wieder heißes Wasser nachfüllen, damit der Bratfond nicht einbrennt.
Die garen Fleischstücke auf einer Platte anrichten und mit dem Bratsatz übergießen. Dazu werden Sauerkraut und kräftiges Brot gereicht.

Mutzbraten lässt sich im Sommer auch sehr gut über einem Holzkohlefeuer grillen. Dann werden die marinierten Fleischstücke auf Spieße gesteckt. Besonders gern zubereitet wird er aus frisch geschlachtetem Fleisch. Dieses Gericht ist in den letzten Jahren wieder in Mode gekommen.

Schinkenspeck in Sahnesosse und Thüringer Klösse

700 g Schinkenspeck
(1/3 fett, 2/3 mager
etwa 6 dicke Scheiben)
20 g Margarine
250 g saure Sahne
50 g Zwiebel
2 TL geriebener Soßenkuchen
50 g Möhre
50 g Kohlrabi
1/2 Lorbeerblatt
3 Pfefferkörner
2 Wacholderbeeren
1 Pimentkorn
1 Nelke
2 TL Speisestärke
1 TL Zucker

Den Schinken in vier dicke Scheiben schneiden. In eine Bratpfanne geben und auf kleinem Feuer in der Margarine auf beiden Seiten einige Minuten ausbraten lassen, bis ein dunkler Bratsatz entstanden ist. Die Hälfte der Sahne zugeben und in dem Bratsatz schmoren, bis der Fond Farbe angenommen hat. Die geviertelte Zwiebel zugeben und bräunen lassen. Dann die restliche Sahne hinzufügen und noch etwas schmoren lassen. Den geriebenen Soßenkuchen in etwas Wasser verrühren und zugeben. Das geputzte und gewürfelte Gemüse und die Gewürze hinzufügen und mit so viel Wasser auffüllen, dass die Schinkenscheiben gerade so bedeckt sind. Alles auf kleiner Flamme ca. 30 Minuten weich dünsten.
Die Schinkenscheiben herausnehmen und warm stellen. Die Soße durch ein Haarsieb streichen und mit Speisestärke binden. In einem kleinen Töpfchen den Zucker langsam bei gelinder Hitze bräunen, mit einem EL Wasser ablöschen und an die Soße geben. Das verleiht ihr zusätzlich Farbe und rundet den Geschmack ab. Dazu gibt es Thüringer Klöße und frischen Salat.

Ein Gericht aus der Zeit der Groß- und Urgroßmütter, als Frischfleisch selten war. Wegen seines Wohlgeschmacks, besonders dem der würzigen Sahnesoße, wird es auch heute noch gern zubereitet.

Kasseler in schwarzer Brüh

500 g roher Kasselerkamm
2 TL Essig
1 EL dunkler Rübensirup
3 Nelken, 3 Wacholderbeeren
1 Lorbeerblatt
2 TL Butter, 2 TL Mehl

Fleisch und Gewürze mit Essig und Sirup in 1/2 Liter Wasser kochen, bis es weich ist. Butter leicht bräunen. Mehl einrühren und mit der Kochbrühe nach und nach zu einer sämigen Soße verrühren und aufkochen. Mit Salz und Essig fein süß-säuerlich abschmecken. Das Fleisch in Scheiben schneiden und in der Soße wieder erwärmen.
Zu diesem würzigen Gericht passen Kartoffeln oder Semmelklöße und Sauerkraut.

Schweineschnitzel mit Thüringer Buttersosse

4 Scheiben Schnitzelfleisch
3 EL Mehl, Salz, 1 Ei
1 EL Öl oder Milch
3 EL Semmelmehl
ca. 100 g Butterschmalz
1/2 l Fleischbrühe, Salz
Zitronensaft
Suppenwürze

Die gewaschenen, abgetrockneten Schnitzel möglichst dünn klopfen, in Mehl wenden, salzen, durch das mit Öl oder Milch verschlagene Ei ziehen und in Semmelmehl wenden. Die Panade fest andrücken und die Schnitzel eine Weile ruhen lassen. In einer Pfanne reichlich Butterschmalz erhitzen und die Schnitzel in wenigen Minuten auf beiden Seiten goldbraun braten. Nicht zu dunkel werden lassen. Auf eine Platte legen und warm stellen. In der Bratbutter das restliche Mehl und Semmelmehl schön braun rösten, mit 1/4 l Fleischbrühe oder Wasser ablöschen und durchkochen lassen. Durch ein Sieb geben und die Buttersoße mit Salz, Zitronensaft und Suppenwürze abschmecken.
Dazu schmecken Buttergemüse oder Spargel und Salzkartoffeln.

Der Thüringer braucht möglichst zu jedem Gericht eine Soße, auch zu Schnitzeln. Kalbsschnitzel werden ebenso zubereitet.

Geschmorte Rostbrätel in Kräuter-sahnesosse mit Waldpilzen

4 Scheiben Schweinekamm
ohne Knochen (ca. 500 g)
30 g Margarine
1 TL Salz, Pfeffer
2 TL Senf
1/2 Zwiebel
1/2 Knoblauchzehe
2 EL Schmand
1/4 l Wasser
3 EL Weißwein
1 TL Thymian
1/2 TL Rosmarin
1/2 TL Basilikum

Für die Waldpilze:
20 g Butter
250 g Waldpilze
20 g Zwiebel
Salz, Pfeffer

Die Kammscheiben waschen und klopfen. Margarine in einer Bratpfanne mit Deckel erhitzen und die Fleischscheiben auf einer Seite anbraten. Die oben liegende Seite salzen, pfeffern, mit Senf bestreichen und wenden. Wenn auch die zweite Seite knusprig braun gebraten ist, Zwiebelwürfel und Knoblauchzehe hinzufügen und bei geringer Hitzezufuhr goldgelb braten. Den Schmand zugeben und mitschmoren lassen. 1/4 l heißes Wasser und den Weißwein zugießen. Die Gewürze hinzugeben. Den Deckel auflegen und das Fleisch im vorgeheizten Herd (175 Grad) ca. 30 Minuten weich schmoren.

Die Butter in einem breiten Topf erhitzen. Die geputzten und geschnittenen Pilze mit der kleingeschnittenen Zwiebel in die heiße Butter geben und zugedeckt etwa 5 Minuten dünsten lassen. Den Deckel abnehmen und die Pilze aufgedeckt so lange braten, bis alle Flüssigkeit verkocht ist. Dann sind die Pilze gar und glänzen. Würzen. Die Pilze über den geschmorten Rostbräteln verteilen und alles zusammen bei offener Pfanne in der heißen Röhre kurz überbräunen lassen.

Dazu gehören Kartoffelstampf – auch Kartoffelpüree genannt – und frischer grüner Salat.

Die Kräutersahnesoße wird einzigartig – ihr Geheimnis ist die halbe Knoblauchzehe. Zu diesem Gericht schmecken auch Semmelklöße.

Tipp: *Sind im Winterhalbjahr keine frischen Waldpilze zu haben, kann man das Gericht auch mit Champignons zubereiten.*

Rückbeinchen in Meerrettichsoße

1/2 l Wasser
20 g Salz
1 TL Kümmel
1 Prise Pfeffer
1 kleines Lorbeerblatt
2 Nelken
2 Wacholderbeeren
1 kleine Zwiebel
ca. 2 kg Rückbeinchen
(8 große Fleischknochen vom Rückgrat)
oder 1 1/2 kg Rippchen

Für die Meerrettichsoße:

20 g Butter
1 TL Mehl
1/2 l Fleischbrühe
1/4 Tasse Milch
2 Eier
frischer geriebener Meerrettich nach Geschmack

Wasser mit Gewürzen in einer Bratpfanne zum Kochen bringen und die Fleischknochen hinzufügen. In ca. 90 Minuten weich schmoren. Dabei immer wieder etwas Wasser nachgießen. Sind die Rückbeinchen weich, soll nicht mehr als 1/2 l Flüssigkeit in der Pfanne sein. Die Brühe abgießen und die Rückbeinchen in der Röhre bei starker Hitze kurz überbräunen lassen. Nicht zu lange darin lassen, sonst trocknen sie aus.
Für die Soße 20 g Butter erhitzen, das Mehl darin anschwitzen und mit der Fleischbrühe auffüllen. Durchkochen lassen und vom Herd nehmen. In der Milch die Eier gut verrühren und nach und nach die warme Soße hinzufügen. Nicht mehr kochen lassen! Sitzen Kinder mit am Tisch, etwas von der milden Soße beiseite stellen. In den Rest nach Geschmack möglichst frisch geriebenen Meerrettich geben.
Dazu schmecken Halbseidene Klöße.

Tipp: *Am saftigsten sind die Fleischstücke, wenn Hausgeschlachtetes verarbeitet wird. Die meisten Fleischer schälen das Rückgrat zu sehr aus. Man kann das Gericht auch mit Rippchen (möglichst keine Schälrippchen!) zubereiten. Es sollte viel Fleisch am Knochen sein.*

Rückbeinchen in Zwiebelsosse

1/2 l Wasser
20 g Salz
1 TL Kümmel
1 Prise Pfeffer
1 kleines Lorbeerblatt
2 Nelken
2 Wacholderbeeren
1 kleine Zwiebel
ca. 2 kg Rückbeinchen (8 große Fleischknochen vom Rückgrat)
oder 1 1/2 kg Rippchen

Für die Zwiebelsosse:
1 TL Butter
300 g Zwiebeln
1/2 TL Zucker
1 l Fleischbrühe
1 geh. TL Mehl
1-2 EL Essig
1 Prise Pfeffer
Zucker

Rückbeinchen wie auf Seite 76 beschrieben zubereiten.
In der heißen Butter die gewürfelten Zwiebeln anschwitzen, mit Zucker bestreuen und unter ständigem Rühren hellbraun rösten. Etwas Fleischbrühe zugießen und weiter rühren. Das Mehl darüberstäuben, unterrühren und weiter rösten, bis es schön braun ist. Dann mit der restlichen Brühe auffüllen und ca. 15 Minuten köcheln lassen, bis die Zwiebeln weich sind. Den Soßenfond durch ein Sieb streichen, mit Essig, Pfeffer und Zucker mild abschmecken. Die fertige Soße soll nicht mehr als 1/2 l Flüssigkeit umfassen.
Dazu werden Halbseidene Klöße serviert.

Eine leicht süß-säuerliche Soße, die gut zu allen Schweinsknochen und zu Klößen passt.

Bratklops in brauner Soße mit Gurken-Bohnen-Salat

1 Semmel
500 g Gehacktes
(halb Rind, halb Schwein)
1 Ei, 1 kleine Zwiebel
evtl. Salz und Pfeffer (bei ungewürztem Hackfleisch)
1/2 TL Kümmel
2 EL Semmelmehl
20 g Margarine

Für die braune Soße:
1 kleine Zwiebel
2 EL Semmelmehl
1/4 l Wasser, 1/2 TL Brühpulver
Salz, Pfeffer

Gurken-Bohnen-Salat:
300 g grüne Bohnen
1 l Salzwasser
Salz, Pfeffer, Zucker
1 EL Essig, 2 EL Öl
1 kleine, geraspelte Zwiebel
1 grüne Gurke
2 TL Schmand
2 TL gehackter, frischer Dill

Die Semmel in wenig kaltem Wasser einweichen. Das Gehackte mit der aufgeweichten, ausgedrückten Semmel, dem Ei, einer kleingehackten Zwiebel und den Gewürzen vermengen. Vier Klöße formen, etwas breit drücken, in Semmelmehl wenden und in heißer Margarine in einer breiten Pfanne ca. 15-20 Minuten bei gelinder Hitze auf beiden Seiten braun braten. Die Klopse aus der Pfanne nehmen. In dem Bratfett die zweite kleingehackte Zwiebel rösten. Etwa 2 EL Semmelmehl hinzugeben und beides goldbraun rösten. 1/4 l Wasser und das Brühpulver zugeben, aufkochen lassen und durch ein Sieb streichen. Mit Salz und frisch gemahlenem Pfeffer abschmecken.
Die geputzten Bohnen in Stücke schneiden und in Salzwasser gar kochen. Das Kochwasser abgießen, die Bohnen abkühlen lassen. Mit Salz, Pfeffer, Zucker, Essig, Öl und kleingehackter Zwiebel vermischen. Inzwischen die geschälte Gurke in feine Scheiben hobeln und mit den erkalteten Bohnen vermengen. Zuletzt den Schmand hinzufügen und nochmals abschmecken. Mit gehacktem Dill bestreuen.
Dazu gibt es Salzkartoffeln.

An den Thüringer Bratklops gehört unbedingt Kümmel. Das ergibt ein schmackhaftes, schnell bereitetes Gericht; beliebt an allen Wochentagen.

Blutwurst mit Majoransosse und Wickelklössen

Historisches Rezept

750 g Schweineknochen
1 l Wasser, 1/2 Lorbeerblatt
5 Pfefferkörner
1 Zwiebel, 1/2 Knoblauchzehe
1 TL Salz

Majoransosse:
1 TL Butter, 1 geh. TL Mehl
1-2 Eier, 1/4 Tasse Wasser
1-2 EL Majoran
ca. 400 g harte Blutwurst

Die gewaschenen Schweineknochen in kaltem Wasser mit allen Gewürzen zum Kochen ansetzen. In zwei Stunden eine kräftige Fleischbrühe kochen, die nicht mehr als 1/2 l Flüssigkeit betragen soll. Durch ein Sieb gießen und abkühlen lassen. Oder die Brühe aus Brühpulver zubereiten. Für die Soße die Butter erhitzen und darin das Mehl goldgelb anschwitzen lassen. Mit der kalten Brühe auffüllen, gut durchrühren und aufkochen lassen. Vom Herd nehmen. Die Eier in einem hohen Topf mit dem Wasser verquirlen. Die heiße Soße nach und nach zugeben und kräftig unterrühren. Den Majoran hinzufügen. Die Blutwurst in Portionsstücke teilen und in die heiße Soße geben. (Die Soße darf nicht wieder erhitzt werden, wenn die Eier zugegeben sind!)
Dazu gehören Wickelklöße.

Ein uraltes Rezept! So wurden die hart gewordenen Reste vom Hausschlachten in ein vollwertiges Mittagessen verwandelt.

Schweinekamm mit Klössen

750 g Kammfleisch ohne Knochen
20 g Salz
1/2 - 1 TL Pfeffer
50 g Margarine
3 Stängel Beifuß
150 g Zwiebeln
1 kleine Möhre (ca. 30 g)
2 TL Speisestärke

Das Kammstück kurz waschen und gut abtrocknen, leicht klopfen, mit Salz und Pfeffer einreiben und in heißer Margarine ringsum schön braun anbraten. Etwas Wasser zugießen, dann den Beifuß und die geviertelten Zwiebeln zugeben. Die Flüssigkeit immer wieder einbraten lassen und danach wenig heißes Wasser hinzufügen. Ist der Bratfond richtig braun, was bei Schweinebraten länger dauert, so viel Wasser zugießen, dass das Fleisch zur Hälfte mit Flüssigkeit bedeckt ist. Die Möhre zugeben, den Pfannendeckel auflegen und den Braten zugedeckt in der vorgeheizten Herdröhre bei 220 Grad ca. 60 Minuten braten lassen. Zwischendurch mehrmals den Bratsatz von den Seiten lösen, den Braten mit der Soße übergießen und eventuell Wasser nachfüllen.
Die Röhre nach 60 Minuten abschalten. Den Kammbraten aber noch 1/2 Stunde in der heißen Röhre lassen. Das Fleisch herausnehmen, erkaltet in Scheiben schneiden und diese dachziegelartig übereinander wieder in die Pfanne legen. Nochmals in der heißen Herdröhre kurz „überbräunen" lassen. Die Soße (ca. 1/2 l) durch ein Sieb geben. Dabei wird das weichgekochte Gemüse mit durchs Sieb gestrichen. Anschließend mit der Speisestärke binden.
Dazu werden Rotkraut oder Wirsingkohl und Thüringer Klöße serviert.

Tipp: In Stifte geschnittenen Kohlrabi in wenig Salzwasser dünsten und dann gleich in der Fleischsoße oder auch extra zu diesem Braten anbieten.

Schweinerippchen mit Petersiliensosse und Wickelklössen

Historisches Rezept

1,5 kg Rippchen
1 1/2 TL Salz
1/2 TL Kümmel
Pfeffer
1 Knoblauchzehe
1 kleine Zwiebel

Für die Petersiliensosse:
20 g Butter
1 EL Mehl
10 g Zwiebel
30 g Petersilie
1 EL Schmand
1 EL Milch
1 Eigelb

Die gewaschenen und gut abgetrockneten Rippchen mit Salz, Kümmel, Pfeffer, der geschälten Knoblauchzehe und der geschälten, geviertelten Zwiebel in eine Pfanne geben. So viel Wasser auffüllen, dass die Rippchen bedeckt sind. In der geschlossenen Pfanne bei mittlerer Hitze entweder auf dem Herd oder bei 175 Grad in der Röhre etwa 2 Stunden garen lassen. Die Flüssigkeitsmenge kontrollieren, eventuell Wasser nachfüllen. Die garen Rippchen aus der Pfanne nehmen, auf eine Platte geben und in der Röhre warm stellen. Von der Brühe 1/2 l abmessen und beiseite stellen.
Für die Petersiliensoße die Butter zerlassen und das Mehl darin anschwitzen. Die sehr fein gehackte Zwiebel sowie die Hälfte der gewiegten Petersilie zufügen und mit durchschwitzen lassen. Mit der Rippchenbrühe auffüllen und 10 Minuten unter ständigem Rühren durchkochen lassen.
Die Soße vom Herd nehmen. Schmand, Milch und Eigelb in einem hohen Topf verrühren, nach und nach die heiße, nicht mehr kochende Soße dazugeben. Zuletzt die restliche Petersilie unterrühren. Nicht mehr kochen. Sofort zu den heißen Rippchen servieren.
Dazu gibt es Wickelklöße.

Ein ganz altes, sehr traditionelles Rezept; durch die feine Petersiliensoße wird das Gericht zur Delikatesse.

Gebratene Schweinerippchen mit Kohlrübengemüse

1,5 kg Schweinerippchen
20 g Salz, Pfeffer
50 g Margarine
1 Lorbeerblatt, 3 Pimentkörner
1 Zwiebel (ca. 50 g)
1 Knoblauchzehe

Für das Kohlrübengemüse:
1 Kohlrübe, Salzwasser
1/4 l Fleischbrühe
(von den Rippchen)
1 TL Mehl, 10 g Butter
Salz, Pfeffer, Zucker
Petersilie

Die gewaschenen und gut abgetrockneten Rippchen mit Salz und Pfeffer bestreuen. In einer großen Fleischbratpfanne die Margarine zerlassen und die Rippchen von allen Seiten kurz anbraten. Etwas Wasser zugießen, wieder einkochen lassen, erneut Wasser angießen. Diesen Vorgang wiederholen. Die Rippchen aber nicht zu stark braten lassen, sie werden sonst dürr und trocken. Zuletzt alle Gewürze hinzufügen, 1/2 l Wasser auffüllen und die Rippchen bei gelinder Hitze in der geschlossenen Pfanne ca. 45-50 Minuten weich schmoren lassen. Die Rippchen aus der Pfanne nehmen und in der Röhre warm stellen. Die Brühe durch ein Sieb gießen. 1/4 l davon abnehmen und beiseite stellen. Das weichgekochte Gemüse und die Gewürze durch ein Sieb in die restliche Brühe streichen, die auch etwa 1/4 l umfassen sollte. Nochmals erhitzen. Mehl in Wasser anrühren und die Soße damit binden. Mit Salz und Pfeffer würzig abschmecken.
Die Kohlrübe schälen, von allen holzigen Stellen befreien, erst in Scheiben, dann in Stifte schneiden wie Kohlrabi und in einen ausreichend großen Topf geben. Mit 1/2 l kochendem Salzwasser übergießen und 2 Minuten kochen lassen. Das Wasser abgießen. Die Fleischbrühe (1/4 l von der Rippchenbrühe) zugießen und die Kohlrüben etwa 30 Minuten garen. 1 TL Butter zerlassen, 1 TL Mehl darin anschwitzen und unter die Kohlrüben mischen. Aufkochen lassen. Mit Salz, Pfeffer und Zucker kräftig abschmecken. Mit reichlich feingehackter Petersilie bestreuen.
Dazu gibt es Salzkartoffeln.

Pössnecker Kalbsbraten

20 g Margarine
500 g Kalbsknochen
20 g Selleriewürfel
20 g Zwiebelwürfel
20 g Möhrenwürfel
1 Messerspitze Salz
20 g Margarine
30 g magere Speck- oder Räucherbauchwürfel
40 g Speck zum Spicken
1 kg Kalbskeule oder Kalbsnierenbraten
Pfeffer
3/4 TL Rosmarin
1 TL Salz
20 g Zwiebel
1 kleine Tomate (50 g)
100 g Schmand
1 kleine Möhre
20 g Butter
1-2 TL Speisestärke

Margarine in einem Suppentopf zerlassen. Die Kalbsknochen darin anbraten. Das Gemüse und Salz hinzufügen, kurz mit anbraten. Soviel heißes Wasser auffüllen, dass alles gut bedeckt ist und zugedeckt ca. 2 Stunden kochen lassen.
In einer großen Fleischbratpfanne die Margarine und den kleingeschnittenen Magerspeck erhitzen. Den mit Speckstreifen gespickten, mit Pfeffer, Salz und Rosmarin gewürzten Kalbsbraten darin braun anbraten. Die geviertelte Zwiebel und die Tomate (Haut über Kreuz einschneiden) zufügen und etwas Wasser zugießen. Die Flüssigkeit „einbraten“ lassen, dann etwas heiße Kalbsknochenbrühe zugießen. Den Vorgang wiederholen, bis ein schön brauner Bratfond entstanden ist. Dann 1/2 l Kalbsknochenbrühe zugießen und aufkochen lassen. Fleisch und Soße kurz aus der Pfanne nehmen. In dem zurückgebliebenen Fett und Bratsatz den Schmand anschmoren, bis er etwas Farbe bekommen hat, dann Soße und Fleisch wieder hinzugeben. Möhre und 1/2 TL Rosmarin zugeben. Die Butter zerlassen, den Braten damit übergießen und in die vorgeheizte Röhre geben. Bei 220 Grad ca. 1 1/2 bis 2 Stunden in der offenen Pfanne braten lassen. Immer wieder begießen, eventuell heißes Wasser nachgießen.
Das gare Fleisch ruhen lassen. In nicht zu dünne Scheiben schneiden.
Vor dem Servieren kurz überbräunen lassen. Die Soße mit Speisestärke binden, durchs Sieb gießen und nochmals mit Salz abschmecken.
Dazu werden Salzkartoffeln, Blumen- oder Rosenkohl und grüner Salat gereicht.

Oberländer Rinderbraten mit Stangenspargel

1 kg Bratenfleisch
2 TL Salz, Pfeffer, 2 TL Senf
50 g Margarine, 50 g Speck
1/2 Lorbeerblatt
1 Pimentkorn
1 Wacholderbeere
20 g Zwiebel
100 ml Schmand
100 ml saure Sahne
1 TL Mehl, 1 TL Speisestärke
1 Prise Zucker

Für den Spargel:
1 kg Spargel
1 TL Salz, 1/2 TL Zucker

Für die Spargelsoße:
2 Eigelb
2 EL saure Sahne oder Schmand
2 gehäufte EL Mehl
1 TL Zucker
1/4 l Spargelkochwasser
Salz, 1 TL Zitronensaft
Muskat, 2 TL Butter

Das Fleisch waschen, trockentupfen, salzen, leicht pfeffern und dünn mit Senf bestreichen. Margarine und Speck (1 dicke Scheibe) in der Bratpfanne erhitzen. Das Fleisch dazugeben und ringsum schön braun anbraten. Die Gewürze und die geschälte, halbierte Zwiebel hinzufügen, weiter braten. Mit etwas Wasser ablöschen, die Flüssigkeit „einbraten" lassen, Pfannenrand und -boden abkratzen, mit Wasser ablöschen und so fortfahren, bis ein schöner brauner Bratfond entstanden ist. Diese Anbratzeit dauert etwa 45 Minuten. Fleisch und Soße kurz aus der Pfanne nehmen, das Bratfett abschöpfen und zurück in die Pfanne geben. Darin die mit dem Schmand verquirlte saure Sahne erhitzen und schmoren lassen, bis sie eine schöne hellbraune Farbe bekommen hat. Dann Fleisch und Soße wieder hinzugeben und soviel Wasser auffüllen, dass das Fleisch bis zur Hälfte mit Flüssigkeit bedeckt ist. In die vorgeheizte Herdröhre stellen und zugedeckt bei 200 Grad 1 1/2 Stunden braten lassen. Zwischendurch immer wieder mit Soße übergießen, eventuell etwas Wasser nachfüllen. Das Fleisch eine Weile ruhen lassen, in Scheiben schneiden, dachziegelartig anordnen, nochmals in die Pfanne geben und in der heißen Röhre warm stellen. Die Soße mit Mehl und Speisestärke binden. Mit Zucker abschmecken.
Den Spargel waschen und putzen. In einer länglichen Pfanne Salzwasser zum Kochen bringen. Den Spargel hineinlegen und 1/2 TL Zucker zufügen. 20-25 Minuten kochen lassen. Den Spargel vorsichtig herausheben, auf eine vorgewärmte Platte legen und mit Spargelsoße übergießen.

JUSTINUS
EDELSTAHL

Für die Spargelsoße die Eigelb mit Schmand, Mehl, Zucker und Spargelkochwasser in einem hohen Topf verrühren. Unter ständigem Rühren kurz erhitzen und aufkochen lassen. Mit Zitronensaft und Muskat abschmecken. Zuletzt die zerlassene Butter unterrühren.

Tipp: Dazu kann man Kartoffelpüree, Salzkartoffeln oder Kartoffelbällchen servieren.

Rinderbraten gehörte früher zu den edelsten Gerichten. Er wurde nur mit Salz gewürzt und mit viel Sahne zubereitet. Heute ist das Fleisch nicht mehr von solcher Qualität und keiner kommt ganz ohne Gewürze aus.
Grüner Spargel kommt immer mehr in Mode, da er herzhafter schmeckt als Bleichspargel und sich auch schneller putzen lässt – es werden nur die Enden geschält.

Sauerbraten mit Stärkeklössen

Für die Marinade:
150 ml Essig, 330 ml Wasser
1 EL Senfkörner, 1 Lorbeerblatt
3 Pimentkörner
3 Wacholderbeeren, 2 Nelken
50 g Zwiebel, 50 g Möhre
50 g Sellerie

1 kg Rinderbraten vom Schwanzstück, 2 TL Salz, Pfeffer
50 g Margarine
75 g Räucherbauch (Magerspeck)
50 g Zwiebel, 1 Möhre
3-4 EL gemahlener Soßenkuchen
100 ml Rotwein

Essig mit Wasser, den Gewürzen und dem geputzten, kleingeschnittenen Gemüse 10 Minuten kochen und dann erkalten lassen. Den vollständig abgekühlten Sud über das gewaschene Fleisch gießen und mindestens 2 Tage an einem kühlen Ort marinieren lassen. Das Fleisch mehrmals täglich wenden.

Danach das Fleisch gut abtropfen lassen, trockentupfen und mit Salz und Pfeffer einreiben. Die Margarine mit dem Räucherbauch erhitzen und das Fleisch hinzufügen. Von allen Seiten knusprig braun braten. Nach und nach etwas von dem Sud zugießen. Dabei die Flüssigkeit immer wieder „einbraten" lassen, damit ein brauner Bratfond entsteht. Die geschälte, in Scheiben geschnittene Zwiebel zum Braten geben und leicht mitbräunen lassen. Insgesamt etwa die Hälfte des Suds zugießen. Dann die geputzte Möhre, den Soßenkuchen und den Rotwein zufügen. Es soll soviel Flüssigkeit in der Pfanne sein, dass der Braten etwa zur Hälfte davon bedeckt ist. Eventuell heißes Wasser nachfüllen.

Den Sauerbraten zugedeckt etwa 2 - 2 1/2 Stunden bei 200-220 Grad in der Herdröhre garen. Ab und zu heißes Wasser nachgießen.

Dazu werden Stärkeklöße und Rotkraut gereicht.

Ein sehr beliebtes Sonntagsessen, vor allem im Herbst und im Winter!

Tipp: Ein Schuss Schlagsahne gibt der Soße einen milden Geschmack.

Rinderrouladen auf Thüringer Art

4 Rinderrouladen (ca. 700 g)
4 TL Senf, 60 g Speck
60 g Räucherbauch
100 g Zwiebeln
1 TL Salz, 1 TL Pfeffer
40 g Margarine
100 ml saure Sahne
100 ml Schmand
1 TL Speisestärke
1 Prise Zucker

Die schmackhafte Thüringer Variante dieses allseits beliebten Gerichts darf in diesem Kochbuch einfach nicht fehlen.

Die Fleischscheiben waschen, trockentupfen, klopfen und dünn mit Senf bestreichen. Speck und Räucherbauch in schmale Streifen schneiden und die Rouladen damit belegen. Die Zwiebeln schälen und würfeln. Zwiebelwürfel, Salz und Pfeffer auf die Fleischscheiben geben, zusammenrollen und befestigen (mit Rouladenspießchen feststecken oder mit weißem Zwirn umwickeln). In einem Bräter die Margarine erhitzen und die Rouladen darin ringsum schön braun anbraten. Heißes Wasser hinzugeben, wieder „einbraten“ lassen, den Bratsatz lösen, erneut Wasser auffüllen. Damit solange fortfahren, bis sich ein kräftig brauner Bratfond gebildet hat. Mit 1/4 l heißem Wasser auffüllen und durchkochen lassen. Fleisch und Soße aus der Pfanne nehmen. Im verbleibenden Bratfett das Sahne-Schmand-Gemisch kurz anschmoren, bis es Farbe angenommen hat. Fleisch und Soße wieder hinzufügen. Die Pfanne zugedeckt in die vorgeheizte Röhre stellen und bei 200 Grad 1 1/2 bis 2 Stunden garen lassen. Die Rouladen dabei immer wieder mit Flüssigkeit übergießen und wenden. Ist die Soße zu sehr eingedickt, heißes Wasser nachfüllen und den Bratsatz vom Pfannenrand lösen. Die Soße mit der Speisestärke binden und mit einer Prise Zucker abschmecken.
Dazu werden Rotkraut und Thüringer Klöße serviert.

Tipp: *Auch Schweinsrouladen, aus Schnitzelfleisch auf gleiche Art zubereitet, sind sehr beliebt.*

Lamm- oder Hammelrollbraten

1 kg Lammfleisch
1 EL Senf
2 TL Salz, Pfeffer
20 g Margarine
30 g Räucherbauch
1/2 TL Thymian
1 Zweig Rosmarin
1 kleines Lorbeerblatt
3 Wacholderbeeren
60 g Zwiebel
1 Knoblauchzehe
100 g Schmand
100 g saure Sahne
1 kleine Möhre
1 Glas Weißwein
2 TL Speisestärke

Den gewickelten Lamm- oder Hammelbraten waschen, trockentupfen, dünn mit Senf bestreichen, salzen und pfeffern. Die Margarine in einer Bratpfanne mit dem Bauchspeck erhitzen. Dazu die Lamm- oder Hammelrolle einlegen und ringsum knusprig braun anbraten. Den Bratsatz zwischendurch immer wieder mit etwas heißem Wasser löschen, dann die Flüssigkeit wieder „einbraten" lassen und den Vorgang wiederholen. Die Gewürze, die geschälte, halbierte Zwiebel und die geschälte Knoblauchzehe hinzufügen und mitschmoren lassen. Wenn ein schöner brauner Bratfond entstanden ist, den Schmand mit der sauren Sahne verrühren und zum Braten geben. Unter ständigem Rühren weiter schmoren lassen, bis das Schmand-Sahne-Gemisch eine schöne braune Farbe angenommen hat. Soviel heißes Wasser zugießen, dass der Braten zur Hälfte mit Flüssigkeit bedeckt ist und die geputzte, ganze Möhre sowie ein Glas Weißwein zugeben. Den Braten 1 1/2 -2 Stunden zugedeckt bei 220 Grad in der Herdröhre schmoren lassen, dabei immer wieder mit Bratflüssigkeit begießen. Eventuell Wasser nachfüllen. Das gare Fleisch abkühlen lassen. Kurz vor dem Servieren in dicke Scheiben schneiden, diese dachziegelartig in einer Pfanne oder feuerfesten Form übereinander legen, mit etwas Bratfond übergießen und nochmals 10 Minuten in der heißen Röhre „überbräunen" lassen. Die Soße (ca. 1/2 l) durch ein Sieb gießen. Dabei die Gewürze mit durch das Sieb streichen. Mit Speisestärke binden.
Mit Thüringer Klößen und Rosenkohl servieren.

Lamm in Kräutersahne mit Speckbohnen

1 kg Lammkeule mit Knochen
2 EL Öl
75 g Räucherbauch
2 EL Senf
2 TL Salz, Pfeffer
150 g Zwiebelwürfel
2 Knoblauchzehen
je 1 TL Thymian und Salbei
1/2 TL Rosmarin
200 ml Rotwein
5 Wacholderbeeren
1 Lorbeerblatt
1 große Tomate
je 50 g Möhre und Sellerie
150 g Schmand
1 geh. TL Speisestärke

Speckbohnen:
50 g Bauchspeck, 1 EL Öl
1 Zwiebel, 1 Knoblauchzehe
1 kleines Glas Schnippelbohnen
1/4 Tasse Brühe (= 1/4 TL Pulver)
Pfeffer, Salz

Keule (evtl. in dicke Scheiben hacken) mit Salz und Pfeffer einreiben. Im heißen Öl mit Bauchspeckwürfeln beidseitig braun anbraten. Mit Senf bestreichen und weiter braten. Gemüsewürfel, Knoblauch und Zwiebelwürfel zugeben und mit anrösten. Gewürfelte Tomate mitschmoren. Schmand einrühren und zerdrückte Wacholderbeeren mit Lorbeerblatt zugeben. Mit Rotwein ablöschen und 1/4 Liter Wasser zugeben. Zugedeckt 60-90 Minuten bei 180-200 Grad garen. Bei 150-180 Grad ohne Deckel bei öfterem Beschöpfen mit Bratfett braten, bis es schön braun und weich ist. Soße durch ein Sieb gießen, evtl. entfetten und mit Speisestärke binden.
Kleine Bauchspeckwürfel mit Zwiebel- und Knoblauchwürfeln im heißen Öl glasig braten. Mit den gut abgetropften Bohnen mischen. Die Gemüsebrühe unterrühren. Nach Geschmack die Bohnen mit Salz und Pfeffer würzen. Dazu Halbseidene Klöße, Seidenklöße oder Salzkartoffeln.

Tipp: *Thüringer Klöße und Rotkraut passen ebenfalls zu dem würzigen und sehr zu empfehlenden Lammgericht.*

Lammkeule, wie Wild zubereitet

1 kg Lammkeule, 40 g Speck
1/2-1 l Buttermilch
2 TL Salz, Pfeffer
40 g Margarine
30 g Speck
1 Zwiebel (ca. 50 g)
3 Pimentkörner
3 Wacholderbeeren, zerdrückt
5 Pfefferkörner
2 Nelken
1 kleines Lorbeerblatt
1/4 TL Basilikum
100 g saure Sahne
100 g Schmand
2 TL Speisestärke

Das Lamm wird auf diese Weise ganz lieblich und mild und schön mürbe. Zu diesem Braten schmecken geschmorte Waldpilze oder Champignons.
Die Pilze und Thüringer Klöße machen das Gericht zum Festmahl.

Die Lammkeule von Fett und Häuten befreien, mit Speckstreifen spicken und in einen hohen Topf legen. So viel Buttermilch aufgießen, dass das Fleisch vollständig bedeckt ist und einen Tag marinieren lassen. Mehrmals wenden. Dann gut abtropfen lassen, trockentupfen, mit Salz und Pfeffer einreiben.
Margarine und die Speckscheiben in einer Pfanne erhitzen und das Fleisch darin ringsum braun anbraten. Zwischendurch etwas heißes Wasser zugießen, den Bratsatz lösen, wieder „einbraten“ lassen und den Vorgang wiederholen, bis ein kräftig brauner Bratfond entstanden ist. Die geschälte, geviertelte Zwiebel und die Gewürze hinzufügen und weiter schmoren. Das Fleisch kurz aus der Pfanne nehmen, den Bratfond abschöpfen und in dem zurückbleibenden Bratfett das Schmand-Sahne-Gemisch schmoren, bis es eine schöne hellbraune Farbe angenommen hat.
Dann Fleisch und Bratfond zurückgeben, soviel Wasser hinzufügen, dass das Fleisch zur Hälfte davon bedeckt ist. Den Braten in die vorgeheizte Röhre stellen und zugedeckt 1-1 1/2 Stunden braten lassen, öfter mit dem Bratfond übergießen und eventuell heißes Wasser nachfüllen. Dann die Röhre abschalten und den Braten noch 1/2 Stunde im Ofen ruhen lassen.
Das abgekühlte Fleisch in Scheiben schneiden, in eine Pfanne legen, mit etwas Bratfond übergießen und in der Röhre 10 Minuten bräunen lassen. Die Soße mit den Gewürzen durch ein Sieb drücken, nochmals aufkochen lassen und mit der in kaltem Wasser angerührten Speisestärke binden.

Schöpsbraten mit Rosenkohl

Historisches Rezept

1 1/2 kg Hals und Rippen von Lamm oder Hammel
2 TL Salz, Pfeffer
2 geh. TL Kümmel
200 g Zwiebeln
1 Knoblauchzehe
1 TL Mehl
1 Semmel
1 TL Butter

Für den Rosenkohl:
750 g Rosenkohl
1 TL Salz
30 g Butter
Pfeffer, Muskat
Zitronensaft
Petersilie

Die Knochen vom Hammelhals und Rippen in 1/2 l heißem Wasser eine halbe Stunde mit Salz, Pfeffer und Kümmel kochen. Dann aufgedeckt bei starker Hitze die Flüssigkeit einkochen lassen. Zwiebeln und Knoblauch schälen, klein schneiden und zugeben. Braten lassen, bis die Zwiebel goldgelb und das Fleisch mittelbraun ist. Zwischendurch erneut heißes Wasser zugeben und weiterbraten lassen. Nach 45 Minuten so viel Wasser zugeben, dass das Fleisch halb bedeckt ist. Den Braten zugedeckt bei 175-200 Grad in der vorgeheizten Röhre etwa 1 Stunde garen lassen. Das Fleisch aus der Pfanne nehmen, auf einer Platte anrichten und warm stellen. Die Soße nur ganz leicht mit 1 TL Mehl, das in kaltem Wasser angerührt wurde, binden.
Die Semmel würfeln, in der heißen Butter anrösten und erst kurz vor dem Servieren auf die fertig angerichtete Soße geben.
Den Rosenkohl waschen und putzen, in 1/2 l kochendes Salzwasser geben und 15 Minuten leise köcheln lassen. Das Kochwasser abgießen, die Röschen kurz unter kaltes Wasser halten und in einem Sieb gut abtropfen lassen. In einem breiten Topf Butter zerlassen. Den Rosenkohl darin schwenken, pfeffern, mit einem Hauch geriebenem Muskat und einem Spritzer Zitronensaft würzen. Vor dem Servieren gehackte Petersilie aufstreuen.
Fleisch und Gemüse mit Seiden- oder Stärkeklößen auftragen.

Für Kenner eine Delikatesse!

Überkrustete Hammelrippchen

1,2 kg Rippchen
2 TL Salz
Pfeffer aus der Mühle
1 Knoblauchzehe
100 g Zwiebelwürfel
3 Pimentkörner
1/2 Lorbeerblatt
1 TL Rosmarin
75 g Reibekäse
1 EL Semmelmehl

Rippchen mit Salz und Pfeffer einreiben und im heißen Öl beidseitig kurz anbraten. Zwiebelwürfel mit Knoblauch goldgelb anrösten. 1/4 l Wasser, Pimentkörner und Lorbeerblatt zugeben und die Rippchen mit Rosmarin bestreuen. Zugedeckt bei 180-200 Grad 60-70 Minuten garen. Aufdecken und das Fleisch mit Semmelmehl-Käse-Gemisch bestreuen. In ca. 20 Minuten knusprig braun überbacken (evtl. Grill einschalten).
Dazu schmecken Salzkartoffeln und Kräuterbohnen.

Tipp: *Lamm und Hammel haben in Thüringen als „einheimisches" Fleisch gute Tradition. Bei Hammel darauf achten, dass das Fleisch vom jungen Tier kommt. Sehr lecker für kühle Frühlingstage.*

Sommerliches Grillvergnügen

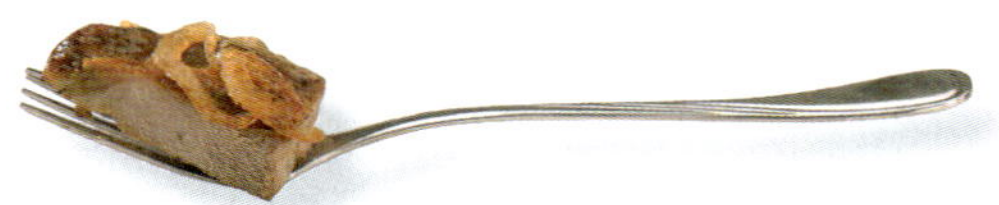

Im Sommer können Spaziergänge durch Thüringens Dörfer zur Marter für Nase und Magen werden: Schon von weitem sieht man die blaugrauen Rauchwölkchen aus Höfen und Gärten aufsteigen, und in der Nähe kann keiner dem Duft der Rostbratwürste oder Rostbrätel widerstehen.

Sommerzeit ist Grillzeit. Das Wichtigste bei den Thüringer Spezialitäten ist die richtige Vorbereitung. Denn die originalen Rostbrätel müssen über Nacht in einer besonderen Marinade liegen. Sie kommen auf den gut gefetteten Rost, unter dem ein Holzkohlefeuer glimmt.

Wer besonders aromatische Grilladen möchte, kann getrocknete Kräuter auf die Glut geben.

Würzige Fleischspiesse

(für 8 große oder 10 mittlere Fleischspieße)

300 g Schnitzelfleisch
300 g Rinderfilet
200 g Leber
250 g Räucherbauch
150 g Zwiebeln
200 g kleine, feste Champignons
2 TL Salz, Pfeffer
2 EL Senf, 1 TL Tomatenmark
50 g Margarine
1/4 l Wasser
Paprika
1 TL Speisestärke

Das gewaschene, trockengetupfte Fleisch und die Leber in möglichst gleich große Würfel schneiden. Den Räucherbauch in nicht zu dicke Scheiben schneiden. Die geschälten Zwiebeln auch. Die Champignons waschen und, wenn nötig, am Stiel etwas putzen. Alles abwechselnd auf Holz- oder Metallspieße stecken, mit Salz und Pfeffer bestreuen sowie dünn mit Senf und Tomatenmark bestreichen. In einer großen Pfanne die Margarine erhitzen und die Fleischspieße darin schön braun braten. Dabei einmal wenden. Den Bratsatz mit etwas heißem Wasser ablöschen und weiter brutzeln lassen. 1/4 l Wasser zugießen. Die Spieße leicht mit Paprika bestäuben und die offene Pfanne in die heiße Herdröhre stellen. Bei 150-175 Grad unter mehrmaligem Beschöpfen die Fleischspieße 35 Minuten garen lassen.
Für das Gartenfest werden die Spieße im Herd vorbereitet und dann nur am Rand des Grills bis zum Servieren heiß gehalten.
Dazu reicht man knuspriges Weißbrot und viele frische Salate.

Tipp: *Diese Fleischspieße kann man auch als Mittagessen zubereiten. Dann wird die knappe Bratensoße mit der in etwas kaltem Wasser angerührten Speisestärke etwas dicker als üblich gebunden. Sonst würde sie beim Anrichten im Kartoffelstampf bzw. -püree, das man gern dazu isst, versinken.*

Thüringer Rostbrätel, auf dem Rost gebraten

8 Kammscheiben vom Schwein
(je Scheibe ca. 150 g)
Salz, Pfeffer, Senf
500 g Zwiebelscheiben
1/2 l Bier, 2 EL Öl
1 TL Edelsüßpaprika

Rostbrätel sind seit Jahren der Renner auf allen Thüringer Speisekarten. Sie lassen sich auch in der Pfanne braten, dürfen innen aber nur gerade so durch sein; knusprig braun gebratene Rostbrätel werden innen zäh und hart.

Die Kammscheiben waschen, klopfen und trockentupfen. Fettränder einschneiden. Ein hohes Gefäß bereitstellen. Jedes Rostbrätel mit Salz und Pfeffer bestreuen, mit Senf bestreichen und mit 2 Zwiebelscheiben belegen. Das Rostbrätel in ein Gefäß legen und Bier darüberträufeln. Das nächste Rostbrätel ebenso behandeln und auf das erste legen. Alle Rostbrätel auf diese Weise übereinander schichten. Sie sollen mit Bier bedeckt sein, aber nicht darin schwimmen; das laugt sie aus. 2-24 Stunden an einem kühlen Ort marinieren lassen. Das Bier sollte dann – bis auf einen kleinen Rest – aufgesaugt sein. Auf dem Grill braten, bis sie gerade durch sind. So bleiben sie innen saftig. Die restlichen Zwiebelscheiben mit wenig Öl in einem großen Tiegel goldgelb braten und anschließend mit etwas Paprika bestäuben. Die Zwiebelringe werden auf den Rostbräteln angerichtet.
Dazu kräftiges Bauernbrot reichen und viel frisches Salatgemüse.

Blumenkohlsalat

500-600 g geputzte
Blumenkohlröschen
1 EL Öl
2 EL milder Essig
1 TL Salz
2 TL Zucker
Pfeffer aus der Mühle

Die Blumenkohlröschen in 1/2 Liter kochendes Wasser geben, aufkochen lassen. Platte abstellen und noch 8 Minuten köcheln bzw. ziehen lassen. Abgießen. Öl, Essig, Salz, Zucker und Pfeffer verrühren und mit dem noch warmen Blumenkohl mischen. Über Nacht durchziehen lassen. Umrühren, fertig.

Auch Partygäste sind von diesem einfachen Rezept begeistert.

Paniertes Hähnchen mit Kartoffelsalat

1 Hähnchen
20 g Salz
Pfeffer, Edelsüßpaprika
2 EL Mehl, 1 Ei
2 EL Wasser
3-4 EL Semmelmehl
100 ml Öl

Für den Kartoffelsalat:
500 g Pellkartoffeln
2 Gewürzgurken
1 kleines Stück Zwiebel
1/4 Apfel, 1 EL Mayonnaise
1 EL saure Sahne
2 EL Gurkenbrühe von eingelegten sauren Gurken, 1 TL Senf
1 TL Salz, Pfeffer, 1 TL Zucker
1 Messerspitze Estragon
frische Dillspitzen
1 EL Öl
Rote Bete, aus dem Glas
Schnittlauchröllchen

Das Hähnchen gut waschen und sorgfältig abtrocknen. Hals und Flügel abtrennen, eventuell für eine Hühnerbrühe verwenden. Das Hähnchen in mehrere Stücke teilen, mit Salz, Pfeffer und Paprika bestreuen und in Mehl wenden. Das Ei mit 2 EL Wasser verrühren. Die mehlierten Hähnchenstücke durch das Ei ziehen und im Semmelmehl wenden. In sehr heißem Öl auf beiden Seiten knusprig braun braten, dabei nicht zu dunkel werden lassen. Dann in die vorgeheizte Röhre geben und bei 150 Grad noch 20-30 Minuten garen lassen. So werden die Stücke besonders saftig.
Die gekochten, geschälten und vollständig erkalteten Pellkartoffeln in dünne Scheiben schneiden. Die Gewürzgurken, die geschälte Zwiebel, und den geschälten, entkernten Apfel würfeln und beides hinzufügen. Mayonnaise, saure Sahne, Gurkenbrühe oder Essig, Senf, Salz, Pfeffer, Zucker und alle Kräuter (außer Schnittlauch) zufügen und gut miteinander vermischen. Über die Kartoffelscheiben geben. Alles mit zwei Gabeln vorsichtig vermengen. Mindestens 1 Stunde durchziehen lassen. Eventuell mit Salz, Zucker und Essig abschmecken, wenn er nicht kräftig genug sein sollte. Zum Schluss 1 EL Öl unterziehen. Mit sauren Rote-Bete-Scheiben und Schnittlauchröllchen garnieren.

Tipp: Dieser Kartoffelsalat wird gern zu allem Gebratenen und zu Grillgerichten gereicht. Deshalb muss er leicht sein und sollte weder Fleisch noch Eier enthalten.

Frühlingssalat

1 rote Paprikaschote
1 grüne Gurke, 1 Apfel
1 Tomate, 5-6 Radieschen
1/2 Zwiebel, 1 Prise Estragon
Dill, Petersilie
Salz, Pfeffer, Zucker
Essig, 2-3 TL Öl
Schnittlauch

Alles Gemüse waschen und trockentupfen. Die Paprikaschote entkernen und in feine Streifen schneiden. Gurke und Apfel schälen, entkernen und in Würfel schneiden. Die Tomate ebenfalls in Würfel, die Radieschen in Scheiben schneiden. Die geschälte Zwiebel fein hacken. Alles in eine Salatschüssel geben. Die frischen Kräuter mit dem Wiegemesser grob hacken und zufügen. Mit Salz, Pfeffer, Zucker und Essig abschmecken. Dann das Öl zugeben und gut vermengen. Mit gehacktem Schnittlauch bestreuen und sofort servieren.

Frische Kräuter sind in jedem Thüringer Hausgarten zu finden.

Elfenspeise

1/4 l Schlagsahne
100 g Staubzucker
1/2 Päckchen Götterspeise (Himbeergeschmack)
2 EL Wasser
75 ml Weißwein
2 EL Zitronensaft
frische Himbeeren
Zitronenmelisse

Die Sahne steif schlagen, dabei nach und nach den Staubzucker zugeben. Die Götterspeise in dem mit Wasser gemischten und mit Zitronensaft versetzten Weißwein auflösen. Erkalten lassen und tropfenweise ganz vorsichtig unter die Sahne schlagen. In eine Glasschale füllen und kühl stellen.

Mit frischen Himbeeren und 1 Blatt Zitronenmelisse garnieren.

Eine ganz alte, aber sehr feine Speise. Auch unsere Urgroßmütter wussten, was gut schmeckt! Jedes Fest sollte seinen süßen Abschluss haben. Der Name stammt wohl von den Elfen in ihren zarten Gewändern.

Waldmeisterbowle

(Maibowle)

1 Büschel junger Waldmeister (vor dem Blühen)
2-3 Flaschen leichter Weißwein
Zucker nach Geschmack
1 Flasche Sekt oder Schaumwein

Ein Höhepunkt für jede Gartenparty oder Geburtstagsfeier im Wonnemonat Mai. Mein Schwiegervater, ein Mai-Geburtstagskind, freute sich jedes Jahr auf seine Geburtstagsbowle.

Den Wein in ein Bowlegefäß geben. Den frisch in Garten oder Wald gepflückten Waldmeister kurz abspülen und etwas trockentupfen. Zu einem Büschel zusammenbinden und mit den Blättern nach unten in den Wein hängen (Stängel nach oben). 30-60 Minuten durchziehen lassen. Mit wenig Zucker abschmecken und kalt stellen. Vor dem Auftragen den kalten Sekt oder Schaumwein zugießen.

Tipp: Der Waldmeister ist heute nur noch wenig bekannt und genutzt vor allem wegen des giftigen Kumarins. Wenn das Kraut vor dem Blühen gepflückt und nach dem Aromatisieren entfernt wird, ist der Genuss der Bowle unbedenklich.

Schnelle Fruchtlimonade

1 l Himbeersaft (selbst gemacht oder gekauft)
150 g Kandiszucker

Einen Liter Himbeersaft auf 1/2l einkochen lassen. Den grob zerkleinerten Kandiszucker im Himbeersaft verrühren, bis er sich vollständig aufgelöst hat. Nun diese Masse in eine Eiswürfelform füllen und gefrieren lassen. Bei Bedarf einige Eiswürfel in ein hohes Glas geben und mit Mineralwasser auffüllen. Eine eisige Köstlichkeit!

Gemüse vom Feld und aus dem Garten

In vielen Bauerngärten werden Bohnen und Radieschen, Gurken und Tomaten, Kürbisse und Rapünzchen selbst gezogen.
Zusätzlich kann jeder im Sommer und Herbst das reichliche Angebot auf den Wochenmärkten nutzen. Jene Gerichte, in denen das Gemüse dominiert, erinnern besonders an die gebundene Speisefolge, die Gerichte in bestimmter, immer gleicher Zusammensetzung kannte. Auch Pilze kommen oft auf den Tisch.

Porreepfanne mit Fleischklösschen

1,5 kg Porree
(ergibt geputzt etwa 700 g)
400 g Gehacktes
reichlich Salz, Pfeffer, Kümmel
30 g Butter
1 Möhre
1/8 l Brühe

Den Porree putzen, waschen und in 2-4 cm lange Stücke schneiden.
Das Gehackte mit Salz, Pfeffer und Kümmel würzen, walnussgroße Klößchen formen und in der heißen Butter ringsum knusprig braun braten.
Die Hälfte der Klößchen samt dem Bratfett in einen breiten Topf oder eine feuerfeste Form geben. Darüber die Hälfte des Porrees verteilen. Dann wieder Gehackteskloßchen in den Topf oder die Form geben und als letzte Schicht den restlichen Porree. Die Fleischbrühe aufgießen. Zugedeckt in ca. 30 Minuten gar schmoren. Die Brühe sollte am Schluss fast verdunstet sein.
Dazu gehören Salzkartoffeln.

Eine schnelle, aber sehr schmackhafte und gesunde Mahlzeit. Auch Weißkraut kann man so zubereiten. Als „Schichtkraut" ist diese Speise vielleicht sogar noch bekannter. Allerdings ist die Porreepfanne lieblicher und feiner.

Warmer Krautsalat mit Bratwurst und Kartoffeln

Historisches Rezept

3/4 l Wasser, 20 g Salz, 2 EL Essig
1 Messerspitze Pfeffer
1 TL Zucker, 1 TL Kümmel
750 g Weißkraut, 30 g Speck
400 g weiche Bratwurst
(Das ist keine Rostbratwurst, sondern hausgeschlachtete Knackwurst, auch grobe Mettwurst oder frische Knackwurst genannt. Dabei handelt es sich um gewürztes Gehacktes, das in Därme gefüllt, getrocknet und geräuchert wurde.)
1 TL Margarine, 10 g Zwiebel
1 TL Mehl, 1/4 l Fleischbrühe
Salz, Pfeffer

Das Wasser mit Salz, Essig, Pfeffer, Zucker und Kümmel in einem ausreichend großen Topf zum Kochen bringen. Inzwischen das Kraut vierteln, den Strunk entfernen, Streifen und dann Würfel schneiden. Das so vorbereitete Kraut in den kochenden Würzsud geben und bei gelinder Hitze 40-45 Minuten kochen lassen. Das Kochwasser abgießen.
Den Speck würfeln und im Tiegel ausbraten. Das Kraut in eine Schüssel geben und mit den knusprigen Speckwürfeln vermischen. Warm stellen.
Die Bratwurst mit kochendem Wasser überbrühen, in vier Stücke teilen und in der erhitzten Margarine langsam braun braten. Herausnehmen und warm stellen. Im Bratfett die kleingeschnittene Zwiebel goldgelb braten, dann das Mehl zufügen und hellbraun schwitzen. Mit kalter Fleischbrühe ablöschen (es geht auch Wasser, mit Brühpulver vermischt), aufkochen lassen und abschmecken.
Die Bratwurst kann auf dem Krautsalat angerichtet werden. Soße und Salzkartoffeln werden gesondert dazu gereicht.

Ein noch immer beliebtes, altes Thüringer Gericht!

Porreegemüse

400 g gesäuberter Porree
1/4 l Wasser
1 leicht geh. TL Salz
1 TL Zucker
2 TL Zitronensaft
2 geh. TL Schmand
1 Eigelb
2 geh. TL Butter
1 geh. TL Mehl

Porree in 5 cm lange Stücke schneiden und im kochenden Wasser mit Salz, Zucker und Zitronensaft gewürzt in 15 - 20 Minuten weich kochen. 1 Tasse Gemüsewasser beiseite stellen, dann abgießen. Schmand mit Eigelb, Butter, Mehl und dem Gemüsewasser verquirlen und auf der heißen Herdplatte dickrühren. Soße über den Porree gießen. Schmeckt sehr gut zu Kartoffeln und Kurzgebratenem.

Tipp: *Wenn Porree durch Erde stark verschmutzt ist, schneidet man ihn vor dem Waschen längs so auf, dass er am unteren Ende noch zusammenhängt.*
Nun unter fließendes Wasser halten und die Erde ausspülen.

KRAUTWICKEL

1 Weißkraut
1 l Wasser
1 TL Salz
400-500 g Gehacktes
1 Semmel, 1 Ei
1 Zwiebel (ca. 50 g)
1/2 TL Kümmel
Salz, Pfeffer
50 g Margarine
50 g Bauchspeck
1 TL Mehl
Suppenwürze

Die Thüringer Krautwickel unterscheiden sich von allen anderswo beheimateten Varianten dieses Gerichts durch die unnachahmlich würzige Soße!

Den von allen welken Blättern befreiten Weißkrautkopf in 1 l kochendes Salzwasser legen und 5 Minuten kochen lassen. Herausheben und abtropfen lassen. Das Kochwasser beiseite stellen. Den Strunk mit spitzem Messer herausschneiden und die Blätter vorsichtig ablösen. Pro Krautwickel werden 2 Blätter benötigt.
Das Gehackte mit der eingeweichten, ausgedrückten Semmel, dem Ei, der geschälten, kleingehackten Zwiebel, und den Gewürzen vermischen. Die Masse in vier gleich große Teile teilen. Je zwei Krautblätter übereinander legen, das Gehackte in die Mitte geben und die Krautwickel zusammenrollen. Mit Zwirnsfaden fest umwickeln.
In einer Fleischpfanne Margarine erhitzen und den in dünne Scheiben geschnittenen Bauchspeck darin glasig ausbraten. Die Krautwickel und etwas zerschnittenes Kraut dazugeben und bei nicht zu starker Hitze ringsum schön hellbraun anbraten. Vorsicht, die Wickel verbrennen leicht! Von Zeit zu Zeit etwas vom Krautkochwasser zufügen, wieder einbraten lassen und den Vorgang wiederholen, bis die Krautwickel gebräunt sind und auch ein kräftiger Bratfond entstanden ist. Mit soviel Krautkochwasser auffüllen, dass die Krautwickel etwa zu einem Drittel mit Flüssigkeit bedeckt sind. Dann zugedeckt noch ca. 1 Stunde schmoren lassen. Keine Flüssigkeit mehr zugießen; es soll nur etwa 1/4 l Soße übrig bleiben. Die Soße mit dem in kaltem Wasser angerührten Mehl binden. Mit Salz, Pfeffer und Suppenwürze abschmecken.
Dazu werden Salzkartoffeln gereicht.

Topinambur oder »Erdbirnen«

Historisches Rezept

650 g Erdbirnen, Salz, Pfeffer
1/4 l Fleischbrühe
1 Semmel, 1 TL Butter

Ein ganz altes Rezept, für Kenner der Thüringer Küche. Topinambur findet man noch in Bauerngärten. Die Knollen schmecken süßlich.

Die Erdbirnen in soviel Salzwasser, dass sie bedeckt sind, weich kochen, ca. 5-10 Minuten. Danach schälen. Die Schale lässt sich sehr leicht abziehen! Die geschälten Erdbirnen in Scheiben schneiden und in eine Schüssel geben. Mit reichlich frisch gemahlenem Pfeffer würzen. Die Fleischbrühe kochend heiß darübergießen. Die Semmel in Würfel schneiden. Butter in einem Tiegel erhitzen und die Semmelwürfel darin goldgelb braten. Die Semmelröstel über die Erdbirnen streuen, sie geben dem Gericht die „Bindung".
Dazu Rückbeinchen oder Schweinekamm essen.

Spinat auf Thüringer Art

500 g frischer Spinat oder
1 Päckchen TK-Spinat
30 g Butter
30 g Zwiebel
2 TL Mehl
1/2 Tasse Fleischbrühe
Salz, Pfeffer, Muskat
1 Schuss süße Sahne
50 g Speck,
in Scheiben geschnitten
8 Eier

Den gut verlesenen, frischen Spinat einige Male waschen und in einen Topf ohne Wasser geben. Das Wasser, welches an den Blättern hängen bleibt, genügt. Kurz aufkochen lassen, damit der Spinat zusammenfällt. Das Kochwasser abgießen. Den Spinat auf einem Holzbrett fein wiegen. Die Butter in einem Topf zerlassen, die geschälte, gehackte Zwiebel hinzufügen und goldgelb braten, aber nicht braun werden lassen. Das Mehl darin anschwitzen und mit der Fleischbrühe ablöschen. Den gewiegten, frischen oder den gefrosteten, leicht angetauten Spinat hinzugeben, gut durchrühren und noch 10 Minuten leise köcheln lassen. Mit Salz, Pfeffer etwas Muskat und süßer Sahne abschmecken.
Die Speckscheiben in einem großen Tiegel goldgelb braten und die Eier darüberschlagen.
Dazu werden Salzkartoffeln serviert.

Spitzpaprika mit Käsefüllung

1 EL Öl
2 Zwiebeln
2 Paprika (rot, gelb)
Salz, Pfeffer
Paprikapulver
1/2 Tasse Brühe
1/2 TL Zucker
250-300 g Bandnudeln
4 nicht zu kleine Spitzpaprika
150-200 g Gehacktes
200 g Fetakäse
1 Ei
2 EL Schmand

Zwiebelwürfel im Öl glasig braten. Paprikawürfel zugeben und etwas mitbraten. Mit Salz, Pfeffer und Paprikapulver sparsam würzen. Brühe zugeben und alles in einer Auflaufform verteilen. Spitzpaprika längs aufschneiden. Von Kernen und Häuten befreien, waschen und mit wenig Gehacktem füllen. Schafskäse mit einer Gabel zerdrücken, mit Ei und Schmand vermischen und den dicken Brei über dem Gehackten verteilen. Die Schoten in die Auflaufform legen. Alles mit Öl bepinseln. Bei 180 Grad 40-45 Minuten überbacken. Die Schoten auf einer Platte anrichten und das Gemüse mit Zucker lieblich abschmecken und mit gekochtem Reis vermischen.
Wer keinen Reis mag, kann auch gekochte Bandnudeln dazu essen.

Tipp: Die Spitzpaprika können ohne zusätzliches Gemüse in einer mit Kräuterbutter ausgestrichenen Auflaufform überbacken und zu Brot oder Kartoffelsalat gereicht werden.

Pilzgulasch mit Petersilienkartoffeln

1 1/2 -2 kg geputzte, frische Waldpilze
80 g Speck
60 g Butter
150 g Zwiebeln
1/8 l Kaffeesahne
1/4 l Milch
1/4 TL Pfeffer
1 1/2-2 TL Salz

Die geputzten und geschnittenen Pilze in einen großen Topf geben und mit 1-2 EL heißem Wasser kurz aufwallen lassen, damit sie zusammenfallen. Das dauert ca. 2 Minuten. Vom Herd nehmen. In einem ausreichend großen Tiegel den kleingewürfelten Speck in der Butter ausbraten, aber nicht zu braun werden lassen. Die geschälten, gewürfelten Zwiebeln hinzufügen und kurz darin anrösten, dann die Pilze samt Pilzsaft hinzufügen. Unter Rühren so lange braten, bis die Pilze im Bratfett schmoren und richtig glänzen. Kaffeesahne und Milch verrühren und hinzugeben. Mit Pfeffer und Salz würzen. Weiterbraten, bis die Soße eingebraten und bräunlich ist. Dann sind auch die Pilze gut.
Dazu gehören mittags Salzkartoffeln, dick mit frisch gewiegter Petersilie bestreut. Abends wird auch einfach Brot zu diesem leckeren Gericht gegessen.

Die bräunliche, mitgebratene Soße gibt dem Pilzgulasch eine schöne Bindung.
Zu den Herbstfreuden vieler Thüringer gehört auch heute noch das Suchen von Pilzen und natürlich auch das Essen!

Tipp: Reichen die Pilze nicht für eine ganze Mahlzeit, werden statt der Sahne-Milch frische Eier unter die Pilze gerührt.

ZWIEBELKUCHEN

FÜR DEN TEIG:
300 g Mehl
20 g Hefe
175 ml Milch
1 EL Zucker, 1 Prise Salz
50 g Margarine

FÜR DEN BELAG:
125 g durchwachsener Speck
500 g geschälte Zwiebeln
25 g Butter, 1/2 TL Salz
1 TL Kümmel
250 g saure Sahne
2 Eier

Zwiebelkuchen wird gern gereicht, wenn schon am Vormittag Gäste kommen. Dazu gibt es trockenen Weißwein, herben Rotwein oder auch Bier.

Das Mehl in eine Schüssel geben und in der Mitte eine Vertiefung eindrücken. Die Hefe mit der handwarmen Milch verquirlen, in die Vertiefung gießen und etwas Mehl sowie den Zucker einrühren. Die Schüssel abdecken und das Hefestück an einem warmen Ort 20 Minuten gehen lassen. Die restlichen Zutaten unterkneten und den Teig nochmals 60 Minuten gehen lassen. Den Teig, der nun mindestens doppelt so groß sein muss, zusammenstoßen, nochmals kneten, ausrollen und ein gut gefettetes Backblech damit auslegen. Nochmals 10 bis 15 Minuten ruhen lassen.
Den Speck würfeln, die Zwiebeln in feine Streifen schneiden. Beides in der zerlassenen Butter ca. 20 Minuten bei gelinder Hitze langsam dünsten, bis die Zwiebeln zusammengefallen sind, sie sollen aber nicht bräunen. Das Speck-Zwiebel-Gemisch mit Salz und Kümmel würzen und gleichmäßig auf dem ausgerollten Hefeteig verteilen.
Den Kuchen in der vorgeheizten Röhre bei 200 Grad ca. 15 Minuten backen.
Inzwischen saure Sahne und Eier gut miteinander verrühren und den Kuchen nach 15 Minuten Backzeit kurz aus dem Herd nehmen, den Sahne-Eier-Guss gleichmäßig darüber verteilen und nochmals 10 Minuten backen. Die Röhre ausschalten und den Kuchen weitere 5 Minuten darin stehen lassen, damit der Guss fest wird.

Tipp: Zwiebelkuchen wird warm gegessen. Er kann auch gut in der Röhre wieder aufgewärmt werden. Die Zwiebelmenge ist variabel. Wer mehr davon mag, kann sie gern erhöhen.

Überbackener Blumenkohl

1 Blumenkohl (0,75-1 kg)
1 EL Butter
2 Eigelb
1 EL Mehl
1/4 l Gemüsewasser
Muskat
50 g geriebener Hartkäse
1 geh. EL Semmelmehl
50 g Butter

Den Blumenkohl in Salzwasser nicht zu weich kochen (4-5 Minuten). Weiche Butter in einem kleinen Topf mit den Eigelb verrühren, auf die Herdplatte stellen und nach und nach das Gemüsewasser unterrühren, bis es dicklich wird (nicht kochen). Blumenkohlröschen gut abgetropft in einen breiten Topf oder eine gut gefettete Auflaufform schichten. Die Soße, mit Muskat abgeschmeckt, darüber gießen. Das mit dem Käse gemischte Semmelmehl darüber streuen und die Butter zerlassen oder in Flöckchen darüber geben. Im heißen Ofen ca. 15-20 Minuten bei 150-175 Grad dunkelgelb backen.

Tipp: Eine sehr wohlschmeckende, sättigende Mahlzeit. Kartoffeln und Fleisch sind überflüssig.

Linsengemüse mit Thüringer Blutwurst

200 g Linsen
1/2 l Wasser, 2 TL Brühpulver
1/2 Lorbeerblatt, 20 g Lauch
50 g Möhre, 50 g Sellerie
1/2 l Fleischbrühe
1 EL Butter
100 g magerer, geräucherter Bauchspeck
1 große Zwiebel (ca. 80 g)
1 EL Mehl, 1 TL Salz
2 EL Essig
1/2 TL gemahlenes Bohnenkraut
600 g Thüringer Fleischblutwurst

Die Linsen 2 Stunden in kaltem Wasser einweichen. Das Einweichwasser abgießen. Die Linsen in 1/2 Liter frischem Wasser mit dem Brühpulver, dem Lorbeerblatt, dem geputzten und zerkleinerten Suppengemüse ca. 1 Stunde bei milder Hitze kochen lassen. Dabei soll die Flüssigkeit langsam einkochen. Nicht anbrennen lassen!

Inzwischen in einem Tiegel die Butter zerlassen, den mageren Bauchspeck in feine Würfel schneiden und anbraten. Die geschälte, fein gehackte Zwiebel zufügen und goldgelb braten. Die Speck-Zwiebel-Würfel mit der Lochkelle aus der Pfanne heben und zu den garen Linsen geben. Im zurückbleibenden Bratfett 1 EL Mehl braun schwitzen und zu den Linsen geben. Mit Salz, Essig und gemahlenem Bohnenkraut abschmecken und nochmals kurz aufkochen lassen.

Die Blutwurst in dicke Scheiben schneiden, in einen Tiegel legen und auf der Herdplatte erwärmen.

Dazu werden Salzkartoffeln gereicht.

Diese Linsen kann man immer wieder auf den Tisch bringen.

Sauerkraut mit Thüringer Rostbratwürsten

500 g Sauerkraut, 1/2 l Wasser
50 g Möhre
50 g Zwiebel
3 Wacholderbeeren
2 Pimentkörner, 3 Pfefferkörner
1 Nelke, 1/2 Lorbeerblatt
1 TL Kümmel
1 1/2 TL Salz, 1 TL Zucker
70 g Speck
Salz und Zucker zum Abschmecken
4 frische Rostbratwürste
2 TL Margarine

Das Sauerkraut mit 1/2 l Wasser zum Kochen ansetzen. Die geputzte, in schmale Scheiben geschnittene Möhre, die geschälte, klein geschnittene Zwiebel und alle übrigen Gewürze zugeben und alles ca. 1 Stunde kochen lassen. Dabei verkocht das Wasser fast völlig, wenn ein kleiner Rest bleibt, ist er abzugießen. Den Speck würfeln und in einem Tiegel auslassen. Die Speckwürfel samt Bratfett unter das Sauerkraut heben, mit Salz und Zucker abschmecken und das Kraut warm stellen.

Die frischen Rostbratwürste abwaschen und abtrocknen. In einem großen Tiegel die Margarine zerlassen und die Würste langsam bei geringer Hitze in 25-30 Minuten braun braten.

Dazu gehören Senf und natürlich mehlige Salzkartoffeln.

Dieses Sauerkraut wird auf andere Weise zubereitet als das Sauerkraut zum Dickbein.

Kartoffelgerichte und herzhafte Eierspeisen

Kartoffeln schätzt man in Thüringen sehr, auch wenn die „Knolle“ es seinerzeit schwer hatte, sich Thüringer Boden zu erobern. Groß und mehlig wird sie besonders geliebt.

Phantasievoll zusammengestellte, kräftige Kartoffelgerichte sind die traditionellen Sattmacher unter allen Thüringer Gerichten. Sie werden beim ganz großen Hunger gereicht. Auf die Kartoffel- und Eierspeisen gehören meist frische Kräuter.

Gebackene Kartoffelklösse mit weisssaurer Sosse

<u>*Für die gebackenen Klösse:*</u>
500 g gekochte Pellkartoffeln
1 gestrichener TL Salz
Muskat, 100 g Mehl
30 g Margarine

<u>*Für die weisssaure Sosse:*</u>
20 g Margarine
20 g Zwiebel
1 EL Mehl
1/2 - 3/4 l Milch
15 g Salz, 1 TL Zucker
2 EL Essig

<u>*Für die Eier:*</u>
20 g Margarine oder Butter
8 Eier, Pfeffer
20 g Butter
20 g Speck

Die Kartoffeln pellen und durch die Kartoffelquetsche pressen. Mit Salz und einem Hauch Muskat würzen. Das Mehl zufügen und zu einem Teig verkneten. Eine längliche Rolle von ca. 8 cm Durchmesser formen und davon 12 bis 14 Scheiben abschneiden. Die Klöße in der erhitzten Margarine ca. 10-15 Minuten auf beiden Seiten knusprig braun braten.
Für die Soße Margarine in einem Topf erhitzen, die geschälte, gewürfelte Zwiebel zufügen und glasig dünsten. Das Mehl darin anschwitzen und die kalte Milch zufügen. Alles gut verrühren und einmal aufkochen lassen. Mit Salz und Zucker kräftig abschmecken.
In einem Tiegel mit hohem Rand Butter oder Margarine zerlassen. Die Eier hineinschlagen, mit Pfeffer bestäuben und sofort vorsichtig die weiße Soße darübergießen. Bei kleiner Hitze die Eier fest werden lassen. Erst jetzt den Essig in die Soße rühren und den Tiegel warm stellen. In der Butter den kleingewürfelten Speck ausbraten und über den Eiern verteilen. Je zwei Eier auf einen Teller geben und die Soße samt Speck darüber verteilen. Die gebackenen Klöße extra reichen.

Die weißsaure „Brüh" mit den gebackenen Klößen gehört noch heute zu den Standardessen, die wenigstens einmal im Monat auf den Tisch kommen. Zu den gebackenen Klößen wird gelegentlich auch gebratene Blutwurst gegessen, das ist ebenfalls ein traditionelles Gericht.

Bauernfrühstück

750 g gekochte Kartoffeln
20 g Margarine
100 g Räucherbauch
30 g Zwiebel
Salz, Pfeffer
200-250 g gekochter Schinken
6 Eier
reichlich frischer Schnittlauch oder frische Gartenkresse

Die Kartoffeln in Scheiben schneiden. In einem großen Tiegel die Margarine erhitzen. Den grob gewürfelten Räucherbauch darin ausbraten. Die geschälte, kleingeschnittene Zwiebel hinzufügen und glasig schwitzen. Dann die Kartoffeln hinzufügen, mit Salz und Pfeffer würzen. Den gekochten Schinken in Streifen schneiden und unterheben. Alles gut miteinander vermengen. Die Eier in einem hohen Gefäß gut miteinander verrühren. Mit Salz und Pfeffer würzen und über die Kartoffelpfanne gießen. Auf kleinem Feuer stocken lassen. Das fertige Bauernfrühstück auf eine große, vorgewärmte Platte stürzen und dick mit frischem Schnittlauch oder gehackter Kresse bestreuen.

Ein richtiges Holzfälleressen, das den großen Hunger braucht. Früher fehlte es auf keiner Speisekarte in den Thüringer Gasthöfen. Es ist auch als kräftiges Abendessen und zur Resteverwertung gut geeignet. Dazu gehört auf jeden Fall ein frischer Salat: Gurkensalat, Rote-Rüben-Salat oder Saure-Bohnen-Salat.

Warmer Kartoffelspecksalat mit Würstchen

100 ml Gurkenbrühe von eingelegten sauren Gurken oder verdünnter, mit 1 TL Zucker abgeschmeckter Essig
1 TL Salz
3 gerebelte Sellerieblätter
750 g Pellkartoffeln
50 g Zwiebeln
75 g Gewürzgurken
Pfeffer
50 g Speck
Petersilie, Schnittlauch
4 Bockwürste oder 4 Paar Wiener

Die Gurkenbrühe mit Salz und den gerebelten Sellerieblättern 10 Minuten leise köcheln lassen. Die gekochten, geschälten, erkalteten Kartoffeln in dünne Scheiben schneiden. Die geschälten Zwiebeln würfeln und dazugeben. Die Gewürzgurke(n) ebenfalls in Würfel schneiden und zufügen. Die heiße Gurkenbrühe auf die Kartoffeln gießen, Pfeffer aus der Mühle frisch darüber mahlen und alles vorsichtig mit 2 Gabeln vermengen. Den kleingewürfelten Speck ausbraten und heiß über den Kartoffelsalat geben. Den Salat warm stellen und durchziehen lassen. Vor dem Servieren mit frischer Petersilie und gehacktem Schnittlauch garnieren.
Die Würstchen in heißem Wasser erhitzen und dazu reichen.

Dieser warme Kartoffelsalat wird im Winter dem kalten Mayonnaisesalat vorgezogen.
Er schmeckt sehr kräftig und hält sich auch länger.

Speckpfannkuchen mit Salzkartoffeln und Gartensalat

6 Eier, 1/4 TL Salz
1/8 l saure Sahne
75 g Mehl
1/4 l Milch
50 g Speck
150 g Schinkenspeck
Schnittlauch oder Gartenkresse

Die Eier trennen. Die Eigelb mit Salz und saurer Sahne verrühren, das Mehl und die Milch hinzufügen und gut verrühren. Die Eiweiß mit einer Prise Salz steifschlagen und unterheben.
In einer großen Pfanne den gewürfelten Speck ausbraten. Die Eierkuchenmasse einfüllen und 10 Minuten bei 180 Grad in der vorgeheizten Herdröhre backen. Dann den in dünne Scheiben geschnittenen Schinkenspeck über den halbfertigen Pfannkuchenteig verteilen und ein wenig ausbraten lassen, so dass das Fett über den Pfannkuchen läuft. Mit viel Schnittlauch oder gehackter Kresse bestreut zu Salzkartoffeln auftragen.

Dazu gehört auf alle Fälle ein frischer Gartensalat. Kartoffeln müssen heute nicht unbedingt dabei sein, früher aß man sie, um satt zu werden. Es reicht auch eine Scheibe Brot.

Kaminfeger-Kartoffeln

70 g Bauchspeck
100 g Zwiebelwürfel
300 g Blutwurst
700 g Pellkartoffeln
2 EL Öl
Rosmarin oder Majoran
Schnittlauchröllchen

Kleingewürfelten Bauchspeck ganz langsam ziemlich ausbraten. Zwiebelwürfel zugeben und glasig braten. Blutwurstwürfel zugeben und kurz mitbraten.
Inzwischen Pellkartoffeln schälen, in gleichmäßige Scheiben schneiden und in Öl mit wenig Salz und Rosmarin oder Majoran zu Bratkartoffeln braten. Nun mit Blutwurstgemisch vermischen.

Dazu gibt es rohes Sauerkraut und Rapunzelsalat. Schnittlauchröllchen verfeinern das deftige Bauerngericht.

Semmelgeräusch

20 g Speck
20 g Margarine
60 g Zwiebel
75 g Leberwurst
375 ml Milch
125 ml Wasser
1 TL Stärkemehl
3-4 Eier
2 TL Majoran
Salz, Pfeffer, Kümmel
1 Brötchen, Schnittlauch

Den Speck würfeln und in der heißen Margarine glasig werden lassen. Die Zwiebelwürfel zufügen und kurz dünsten, aber nicht braun braten. Die Leberwurst dazugeben, alles verrühren und bei gelinder Hitze kurz weiter braten.
In dem Wasser-Milch-Gemisch das Stärkemehl, die Eier und Gewürze verquirlen. Das in Würfel geschnittene Brötchen dazugeben. Das gesamte Gemisch in eine Pfanne geben, nicht mehr rühren und stocken lassen, dann in der Backröhre bei gelinder Hitze fest werden lassen.
Nach 10-15 Minuten die Pfanne auf den Tisch stellen und die Masse dick mit gehacktem Schnittlauch oder Gartenkresse bestreuen.
Dazu werden Salzkartoffeln und Gurken-Bohnen-Salat oder Gartensalat gereicht.

Bratkartoffeln mit Hausmachersülze und Rote-Rüben-Salat

1 kg gekochte, geschälte Pellkartoffeln (vom Vortag)
4 EL Öl
1 große geschälte Zwiebel
1 TL Kümmel
1/2 TL Salz, Pfeffer

Für die Sülze:
1 1/2 kg Eisbein oder Schweinekopffleisch
1 Spitzbein
1 Lorbeerblatt
4 Pfefferkörner
2 Nelken
2 Pimentkörner
1 1/2 TL Salz
1 Zwiebel
1 Möhre
5-6 EL Essig
2 TL Zucker
Öl, Essig
frisch gehackte Zwiebelwürfelchen oder Remouladensauce

Die Kartoffeln mit dem Gurkenhobel oder einer Küchenmaschine in ganz feine Scheiben hobeln. Das Öl in einem Tiegel erhitzen, die Zwiebel in Scheiben schneiden und darin anschwitzen. Die Kartoffelscheiben zugeben, mit Kümmel, Salz, Pfeffer würzen und bei mittlerer Hitze goldgelb braten.
Die Bratkartoffeln dürfen keine zu starke Hitze haben, sie werden dann braun und trocken, sollen aber goldgelb und saftig sein.

Die Hausmachersülze bereitet man mindestens am Vortag. Das gewaschene und von allen Borsten befreite Fleisch wird mit soviel Wasser angesetzt, dass es vollständig davon bedeckt ist.
Die Gewürze – Lorbeer, Pfefferkörner, Nelken, Piment, Salz und die ungeschälte, gewaschene Zwiebel – werden von Anfang an mitgekocht. Nach 2 Stunden Kochzeit wird die geputzte Möhre zugegeben. Nach etwa 2 1/2 Stunden ist das Fleisch gar, es muss sich leicht vom Knochen lösen.
Schwarte und Knochen werden entfernt, das Fleisch noch warm in möglichst gleichmäßige und gleich große Würfel geschnitten. Auch die Möhre würfeln. Beides in eine ausreichend große Schüssel geben.
Von der erkalteten Brühe das Fett abschöpfen. Die Brühe wieder erwärmen und durch ein Sieb gießen. Dabei darauf achten, dass der im Topf unten befindliche Satz zurückbleibt. Sonst wird die Sülze nicht klar. Ca. 1/2 l Brühe mit Essig und Zucker abschmecken und über die Fleisch-Möhren-Würfel gießen.

Für den Rote-Rüben-Salat:
2 Rote Rüben
1 l Wasser
Salz, Pfeffer
Essig, Zucker
Kümmel
1 Tasse Wasser
2 TL Öl
1 kleine Zwiebel

Die Sülze über Nacht erstarren lassen. Dann in dicke Scheiben schneiden, mit Öl, Essig und frisch gehackten Zwiebelwürfelchen oder mit Remouladensauce zu den Bratkartoffeln reichen.

Die Roten Rüben mit der Schale so lange kochen, bis sie weich sind. Noch warm schälen. Vollständig erkalten lassen. Halbieren, mit dem Buntmesser in Scheiben schneiden und in eine Schüssel geben. Die Gewürze in einer Tasse lauwarmen Wassers verrühren. Zu den Rüben geben. Zum Schluss Öl zufügen und die in Ringe geschnittene Zwiebel.

Raffiniert einfach: Eintöpfe

Die Thüringer Eintöpfe sind von besonderer Eigenart. So wird beispielsweise das gare Suppenfleisch nicht vom Knochen gelöst und zerkleinert, sondern extra gebraten und gesondert serviert. In diesen leckeren Gerichten lebt die landestypische Tradition sehr stark. Alle Rezepte basieren auf der Erfahrung vieler Generationen. Die Speisen sind von raffinierter Einfachheit und großem Wohlgeschmack. Und nur die schönsten wurden für diese Sammlung ausgewählt.

»Geschneet« mit Gemüsereis

1 Geflügelklein (Flügel, Hals, Leber, Herz und Magen von 1 Pute, Gans oder Ente)
1 TL Salz, Pfeffer
1 Zwiebel
1 Knoblauchzehe
2 Sellerieblätter
30 g Sellerie
30 g Möhre
100 g Butter
Petersilie
300 g Blumenkohl
2 Kohlrabi
200 g Möhren
30 g Butter
1/2 Zwiebel
2 frische Sellerieblätter oder 1 TL getrocknetes, gerebeltes Selleriekraut
10 g Salz
1 Tasse Reis (8 EL; 2 EL je Person)

Das Geflügelklein waschen und mit soviel Wasser ansetzen, dass es von der Flüssigkeit bedeckt ist. Salz, Pfeffer, die geschälte Zwiebel und die geschälte Knoblauchzehe zugeben; nach 30 Minuten Kochzeit auch den geputzten Sellerie und die geputzte Möhre hinzufügen. Insgesamt 60 Minuten zugedeckt kochen lassen. Zwischendurch die Brühe immer wieder abschäumen und frisches Wasser zugeben; das Geflügelklein soll stets bedeckt sein. Ist das Fleisch gar, die Brühe durch ein Sieb in einen Suppentopf gießen. Das Geflügelklein gut abtropfen lassen.

Inzwischen den in Salzwasser gewässerten Blumenkohl in Röschen zerteilen und in 1/2 l Wasser mit einer Messerspitze Salz bei nicht zu starker Hitze 15-20 Minuten kochen.

Den Kohlrabi schälen, waschen, erst in Scheiben, dann in Stifte schneiden. Die Möhren putzen, waschen und in Scheiben schneiden. Beide Gemüsesorten zusammen in 30 g Butter andünsten, gehackte Zwiebel, Selleriekraut, Salz und 1/4 l Wasser zugeben. In 25-30 Minuten weich kochen.

Den Reis in reichlich kaltem, leicht gesalzenem Wasser ansetzen und in 10-20 Minuten weich kochen. Den Reis in ein großes Sieb schütten und mit kaltem Wasser abschrecken, so dass der Reisschleim abläuft.

Den Reis und das Gemüse in die Geflügelbrühe geben. Ist die Suppe zu dick, mit etwas Blumenkohlwasser auffüllen.

FÜR DEN EIERSTICH:
1 Ei, 2 EL Milch
1 Prise Salz
1 Prise Muskat
2 TL Margarine zum Einfetten des Töpfchens

Für den Eierstich Ei, Milch, Salz und Muskat gut verquirlen. Die Masse durch ein Sieb in ein gut eingefettetes, kleines Töpfchen gießen. Das Töpfchen zugedeckt in einen breiten Topf mit so viel heißem Wasser stellen, dass das Töpfchen zu zwei Dritteln im Wasser steht. Das Wasserbad bei gelinder Hitze 20-30 Minuten sehr heiß halten, aber nicht sprudelnd kochen lassen. Den Eierstich vollständig abkühlen lassen, vorsichtig aus dem Töpfchen stürzen (eventuell vorher mit einem Messer an den Rändern entlang fahren), in feine Streifen schneiden und in den Gemüsereis geben.
Das gut abgetropfte Geflügelklein in 70 g gebräunter Butter von beiden Seiten knusprig braun braten. Die verbliebene Butter zerlassen und mit der fein gehackten Petersilie auf den Reis geben. Das Geflügelklein auf einer Extra-Platte servieren.

„Geschneet" ist alles, was vom Geflügel vor dem Braten „abgeschnitten" wird, also das Geflügelklein. Sehr schön sieht der Gemüsereis aus, wenn ihm etwas Eierstich beigegeben wird. Ein weithin bekanntes Gericht, das es immer vor oder nach den Feiertagen gibt.

Feine Thüringer Gartensuppe

Für die Fleischbrühe:

500 g Markknochen vom Rind
1 1/2 l Wasser
1 geh. TL Salz
1 kleine Zwiebel
2 Pimentkörner
1 Stück Möhre
1 Stück Sellerie
1 Stück Lauch

Für die Suppe:

100 g Möhren
100 g Kohlrabi
3 Sellerieblätter
1 TL Butter
250 g Feinfrosterbsen
200 g Spargelstücke
1/8 l Wasser, 1/4 TL Salz
1 Prise Zucker
1 Ei, 3 EL Milch
1 TL gerebelter Kerbel
2 TL Butter, Petersilie

Markknochen gründlich waschen und mit kaltem Wasser ansetzen, zum Kochen bringen. Salz, Zwiebel, Piment und Gemüse zugeben, 2 1/2 Stunden köcheln lassen.
Durch ein Sieb gießen, das Mark aus den Knochen lösen und zerschneiden, das Knochenfett entfernen.
Inzwischen die Möhren in Würfel und den Kohlrabi in Stifte schneiden, mit den Sellerieblättern, 1 TL Butter und 2 EL Wasser 10-15 Minuten bei geringer Hitze gardünsten. Kurz vor dem Garwerden die gefrosteten Erbsen zugeben. Die in leichtem Salzwasser mit einer Prise Zucker gedünsteten Spargelstücke samt Spargelwasser zum Gemüse geben.
Das in 3 EL Milch verquirlte Ei in die heiße Brühe rühren und kurz aufkochen lassen, es entstehen kleine Eierflöckchen. Das Gemüse in die Brühe geben, mischen, 1 TL Kerbel unterrühren und 20 g leicht gebräunte Butter auf der Suppe verteilen. Mit feingehackter Petersilie bestreuen.

Eine ganz phantastische Suppe. Sie kann als eine vollwertige, sättigende Mahlzeit gereicht werden, wenn 4-5 EL Teigwaren (Sternchen oder Buchstaben) in leichtem Salzwasser weichgekocht, abgespült und danach der Suppe zugesetzt werden.

Tipp: *Soll die Brühe klar bleiben, keinen Deckel auf den Topf!*

Linseneintopf

250-300 g Linsen
150 g Zwiebelwürfel
100 g Räucherbauch
1 EL Öl
1,5 l Brühe (= 3 TL Pulver)
1 TL Salz
je 100 g Möhren-
und Selleriewürfel
300-400 g Kartoffelwürfel
2 EL Essig, Pfeffer
3 TL Zucker, 2 EL Majoran
1 EL Butter, 2 TL Mehl

Linsen waschen und mit 1/2 Liter Brühe in ca. 15 Minuten halb weich kochen. Kartoffel- und Gemüsewürfel mit Salz und reichlich Brühe zugeben und alles in ca. 15 Minuten weich kochen. Zwiebel- und Speckwürfel im Öl leicht bräunen und unter die Suppe rühren. Mehl in zerlassener Butter gut bräunen und unter die Linsen rühren. Aufkochen und den Rest Brühe zugeben. Mit Essig, Zucker, Salz, Pfeffer und Majoran kräftig süß-säuerlich abschmecken. Dicke Blutwurststücke oder Wiener in der Suppe erwärmen.

Das ist ein klassisches und sehr beliebtes Thüringer Eintopfgericht.

Spaltenkraut

300 g Räucherbauch
oder Kasslerkamm
1 Zwiebel
1/2 l Fleischbrühe
(oder 1 TL Brühpulver
in 1/2 l Wasser verrührt)
500 g Weißkraut
1/2 TL Salz
2 TL Kümmel
300 g Kartoffeln
1 EL Essig
Salz, Pfeffer

Den Räucherbauch in Würfel schneiden und in einem breiten Topf ausbraten. Die geschälte, kleingehackte Zwiebel im austretenden Fett anrösten. Die Fleischbrühe aufgießen und 45 Minuten kochen lassen. Das Weißkraut vierteln und achteln, den Strunk entfernen und in nicht zu feine Streifen schneiden. An die kochende Fleischbrühe geben, Salz und Kümmel zufügen und weitere 10 Minuten kochen lassen. Dann die geschälten, gewürfelten Kartoffeln und den Essig zugeben. Weitere 20 Minuten köcheln lassen. Mit Salz und frisch gemahlenem Pfeffer abschmecken.

Ein schnell zubereiteter und schmackhafter Eintopf, der in manchen Gegenden auch gern mit Hammelrippchen zubereitet wird.

Taube mit selbstgemachten Nudeln

Historisches Rezept

2 Täubchen
20 g Salz
30 g geschälte Zwiebel
Pfeffer
70 g Butter
1/2 TL Kerbel
frische Petersilie

Für die Nudeln:
200 g Mehl
1/4 TL Salz
2 Eier
1 EL Salz fürs Kochwasser

Tauben sind ein wertvolles und edles Hausgeflügel. Sie haben einen ganz zarten Geschmack. Mit gebratener Taube und selbergemachten Nudeln wurden in Thüringen seit jeher die Wöchnerinnen verwöhnt. Die Hausfrau fällt aus, weil sie nach der Geburt das Bett hüten muss. Also springen Verwandte und Nachbarinnen ein und bringen ihr zur Stärkung gebratene Tauben und einen Nudeltopf. Alle haben dieselbe Idee, jeden Tag kommt eine Taube ins Haus.

Die Täubchen rupfen, ausnehmen, waschen und in heißem Wasser mit dem Salz zum Kochen bringen. Zwiebeln, Kerbel und Pfeffer zugeben. Zugedeckt bei nicht zu starker Hitze 40-50 Minuten kochen lassen. Das Fleisch muss richtig weich sein. Die Brühe durch ein großes Sieb in einen Suppentopf schütten. Die Täubchen im Sieb gut abtropfen lassen.

Für die Nudeln das Mehl in eine Schüssel sieben, eine Vertiefung eindrücken. Eier, Salz und 2 EL Wasser hineingeben. Alles zu einem Teig verkneten, der recht fest sein soll, diesen ganz dünn ausrollen. Rechteckige Teigstücke schneiden und diese im warmen Herd trocknen lassen. Die getrockneten Teigstücke in 4 cm breite Streifen schneiden, davon 4-5 übereinander legen und mit einem sehr scharfen Messer dünne Nudeln davon abschneiden.
In 2 1/2-3 l kochendes Wasser 1 EL Salz geben und die Nudeln darin 5 Minuten leise köcheln lassen. Die Nudeln in einen Durchschlag gießen, mit kaltem Wasser abschrecken und den Mehlschleim vollständig ablaufen lassen.
Die garen Nudeln in die Täubchenbrühe geben, eventuell mit etwas Brühpulver abschmecken. Die Butter leicht bräunen. Die gut abgetropften Täubchen darin knusprig braun braten und auf eine Platte legen. Die zurückgebliebene braune Butter auf die Nudeln geben. Mit viel frischer, gehackter Petersilie bestreuen.

Gemüsecremesuppe „Margot“

1 Zwiebel
1 EL Öl
500 g Kartoffelwürfel
2-3 Möhren
1 Kohlrabi
100 g Sellerie
etwas Selleriekraut
1 Stange Porree
2 TL Majoran
Salz, Pfeffer
1 l Brühe
5 EL Schlagsahne
150-200 g Krakauer oder Knoblauchbockwurst
1 EL Butter
Petersilie

Zwiebelwürfel im heißen Öl glasig braten. Kartoffel- und Gemüsewürfel zugeben und unter Rühren kurz anrösten. Mit Salz, Pfeffer und Majoran würzen und die Brühe zugeben. Kochen bis alles weich ist (ca. 25 Minuten).
Nun alles mit dem Mixstab pürieren. Wieder erhitzen und die Sahne einrühren. Bei Bedarf noch Brühe oder Wasser zufügen.
Die in Scheiben geschnittene Wurst in wenig Öl anrösten, Butter zugeben und alles etwas bräunen, mit 2-3 EL heißem Wasser ablöschen und in die Suppe geben. Mit reichlich gehackter Petersilie bestreuen.

Eine feine, aber auch sättigende Suppe.

Gelber Erbseneintopf

500 g gelbe Erbsen
1 l Wasser
150 g Räucherbauch
70 g Zwiebeln
1 1/2 l Fleischbrühe oder
1 1/2 l Wasser mit 4 TL Brühpulver
300 g Kartoffeln
1/2 TL Salz
50 g Speck
1 EL Mehl
1 TL Majoran
3 TL Essig
Pfeffer aus der Mühle
2 Bockwürste oder
4 Wiener Würstchen

Die Erbsen über Nacht in 1 l kaltem Wasser einweichen.

Den gewürfelten Bauchspeck in einem breiten Topf bei geringer Hitze langsam ausbraten. Die geschälte, kleingehackte Zwiebel zufügen und goldgelb rösten. Die eingeweichten Erbsen dazugeben. Mit der Hälfte der Fleischbrühe auffüllen und kochen lassen. Nach 10 Minuten Kochzeit die geschälten, gewürfelten Kartoffeln mit 1/2 TL Salz und dem Rest Fleischbrühe zugeben. Weitere 15 Minuten kochen lassen.

Im Tiegel den gewürfelten Speck zerlassen, die Speckgrieben zu den Erbsen geben und im zurückbleibenden Bratfett 1 EL Mehl braun schwitzen. Unter die Suppe rühren. Mit Majoran, Essig und Pfeffer abschmecken. Die Bockwürste oder Wiener Würstchen in Scheiben schneiden und in der Suppe erhitzen.

In Thüringen sagt man: Koch lieber Speck mit Erbsen als Erbsen mit Speck!

Saure Kartoffelstückchen

750 g Markknochen
375 g hohe Rippe oder anderes feines Kochfleisch vom Rind
1 EL Salz
5 Pfefferkörner
1 Zwiebel
1 kleine Möhre
1 Stück Sellerie
600 g Kartoffeln
250 g Möhren
1 Zwiebel
1 1/2 TL Salz
3 Pimentkörner
1 Lorbeerblatt
500 g grüne Bohnen
1/2 TL Bohnenkraut
80 g Butter
20 g Mehl
2 EL Essig
1 TL Zucker
1/4 TL Pfeffer
Petersilie

Die Rinderknochen mit 2 1/2 l kaltem Wasser ansetzen und kochen lassen. Nach 1 Stunde Kochzeit, das Fleisch in die Brühe geben und auch die Gewürze sowie das geputzte Suppengemüse zugeben. Weitere 2 Stunden köcheln lassen. Die Brühe (ca. 1 Liter) durch ein Sieb gießen. Das Fett abschöpfen (Wenn die Brühe über Nacht vollständig abkühlt, lässt sich der fest gewordene Rindertalg besonders leicht entfernen). Das Fleisch in Würfel schneiden und beiseite stellen.
Die Kartoffeln schälen und würfeln. Die Möhren putzen und in Scheiben schneiden. In der Fleischbrühe mit der geviertelten Zwiebel, Salz, Piment und Lorbeer in ca. 25-30 Minuten weich kochen. Am Schluss die in wenig Salzwasser nur mit etwas Bohnenkraut separat gekochten Bohnen zufügen.
In einem Tiegel 30 g Butter zerlassen und 1 EL Mehl darin schön braun schwitzen lassen. Das Braunmehl zu den Kartoffelstückchen geben. Den Eintopf mit Essig, Zucker und frisch gemahlenem Pfeffer würzig abschmecken. Die Fleischwürfel in den heißen Eintopf geben, durchziehen lassen. Die restlichen 50 g Butter leicht gebräunt zum Schluss auf das Gericht geben. Mit gehackter Petersilie auftragen.

Ein sehr bekannter und sättigender Eintopf. Er ist nicht so arbeitsaufwändig, wie es beim Lesen scheint.

Nudeltopf mit Rindfleisch

300 g Rindfleisch
(Bug oder hohe Rippe)
2 Pfefferkörner
1/4 Lorbeerblatt
1 1/2 TL Salz
1 kleines Stück Sellerie
1 kleines Stück Möhre
1 kleines Stück Porree (je 20 g)

Für die Einlage:
100 g Kohlrabi
200 g Möhren
2 Sellerieblätter
1 TL Brühpulver
30 g Butter
Petersilie

Für die Nudeln:
200 g Mehl
1/4 TL Salz
2 Eier
oder 150 g fertig gekaufte
Bandnudeln

1 1/2 - 2 l Wasser mit den Gewürzen zum Kochen bringen. Das Rindfleisch dazugeben. Nach 30 Minuten Kochzeit die Brühe abschäumen und das geputzte Suppengrün hinzufügen. 1 - 1 1/2 Stunden kochen lassen. Wenn das Fleisch weich ist, die Brühe durch ein Sieb in einen Suppentopf gießen. Von der Brühe 1/4 l abmessen, in einen kleinen Topf geben und darin die geputzten, gewürfelten Möhren, den geschälten, in Stifte geschnittenen Kohlrabi und die grob gehackten Sellerieblätter etwa 15 Minuten kochen. Das weiche Gemüse mit dem Sud zurück in den großen Suppentopf mit der Fleischbrühe geben.
Für die Nudeln das Mehl in eine Schüssel sieben, eine Vertiefung eindrücken. Eier, Salz und 2 EL kaltes Wasser hineingeben. Alles zu einem festen Teig verkneten und ganz dünn ausrollen. Rechteckige Teigstücke schneiden und trocknen lassen. Die getrockneten Teigstücke in 4 cm breite Streifen schneiden, davon 4-5 übereinander legen und mit einem sehr scharfen Messer dünne Nudeln davon abschneiden. In 2 1/2 l kochendes Wasser 1 EL Salz geben und die Nudeln darin 5 Minuten leise köcheln lassen. Die Nudeln in einen Durchschlag gießen, mit kaltem Wasser abschrecken und den Mehlschleim ablaufen lassen. Die Nudeln in die Fleischbrühe geben. Das Fleisch würfeln und dazugeben. Mit Salz und Brühpulver abschmecken. Die Butter bräunen und über den Nudeltopf schöpfen. Mit reichlich gehackter Petersilie bestreuen.

Ein klassischer, immer wieder beliebter Eintopf!

Thüringer Schnippelsuppe

750 g Fleischrippchen
1 geschälte Zwiebel
1 kleine Knoblauchzehe
1 TL Salz
1/2 Lorbeerblatt
1 Nelke
2 Pimentkörner
100 g Kohlrabi
300 g Möhren
50 g Sellerie
1 Zwiebel
1 Porreestange
200 g Blumenkohl
300 g Rosenkohl
300 g Kartoffeln
100 g Feinfrosterbsen
Petersilie
1 TL Brühpulver
20 g Butter
Salz, Pfeffer

In einem großen Suppentopf die gewaschenen Fleischrippchen mit allen Gewürzen in reichlich kaltem Wasser ansetzen, zum Kochen bringen und in 1 1/2 - 2 Stunden gar kochen. Die Brühe durch ein Sieb in einen Suppentopf gießen und dabei alle Gewürzrückstände entfernen. Die garen Rippchen warm stellen.
In die kochende Brühe das geputzte und zerkleinerte Gartengemüse geben: zuerst Kohlrabistifte, Möhrenscheiben, kleingeschnittenen Sellerie und gehackte Zwiebel; 10 Minuten später den in Ringe geschnittenen Porree, die Blumenkohlröschen, den Rosenkohl (große Röschen halbieren) und die geschälten, gewürfelten Kartoffeln. Nochmals 15-20 Minuten kochen lassen. Zuletzt die Erbsen hinzufügen: im Frühsommer frische aus dem Garten, sonst tiefgefrorene mit entsprechend verkürzter Garzeit. Die Suppe mit Salz, frisch gemahlenem Pfeffer aus der Mühle und eventuell etwas Brühpulver abschmecken. Die Butter zerlassen und leicht gebräunt auf den Eintopf geben. Mit gewiegter Petersilie bestreuen. Die heißen Rippchen portionsweise auf den Teller geben und den Eintopf darüber schöpfen.

Ein in ganz Thüringen bekanntes Gericht.

Chursdorfer Kartoffelsuppe mit Speck

600 g Kartoffeln
300 g Möhren
100-200 g Kohlrabi
100 g Sellerie
2 Sellerieblätter oder
1 EL getrocknetes, gerebeltes Selleriekraut
100 g Zwiebel
20-25 g Salz
3 Nelken, 6 Pfefferkörner
4 Wacholderbeeren
3 Pimentkörner
1 Lorbeerblatt
1 Spur Pfeffer
1 gehäufter EL Majoran
4 Bockwürste oder Wiener
40 g Butter
40 g Speck
Petersilie

Kartoffeln schälen und würfeln. Möhren, Kohlrabi und Sellerie putzen und in kleine Stücke schneiden. Gewürze zugeben. Alle Zutaten in reichlich 1 Liter Wasser ganz weichkochen und dann miteinander verquirlen, so dass eine nicht zu dünnflüssige Suppe entsteht. Nicht durch ein Sieb drücken und auch nicht cremig schlagen; an den kleinen Gemüsebröckchen muss man noch erkennen, dass die Suppe original zubereitet wurde und was alles drinnen ist. Die Gewürze in der Suppe lassen, aber möglichst fein zerdrücken. Die gewaschenen Würste in der Kartoffelsuppe heiß machen.
Die Butter in einem Tiegel zerlassen, den gewürfelten Speck darin ausbraten und beides über die Suppe geben. Gehackte Petersilie aufstreuen.

Kartoffelsuppe wird in jedem Dorf ein wenig anders zubereitet. Früher galt sie als „Arme-Leute-Essen"; es gab keine Wurst in der Suppe, höchstens einen Löffel Speckwürfel zusätzlich. Heute ist die Chursdorfer Kartoffelsuppe ein sättigender Eintopf, der phantastisch schmeckt. Er muss gut „durchziehen" und schmeckt aufgewärmt am besten.

Kirmes
oder Kirchweihfest

Die Kirmes war und ist das größte Fest der Bauern. Von Anfang Oktober bis Ende November, wenn die Ernte unter Dach und Fach ist, lädt sich die gesamte Verwandtschaft reihum zur jeweiligen Kirchweih ein. Früher wurde drei Tage lang Kirmes gefeiert. Heutzutage spielt sich alles meist am Sonntag ab. Traditionelle Gerichte zur Kirmes sind der in Butter schwimmende Festtagskarpfen und Entenbraten. Denn im Herbst wurden die Teiche abgefischt, die flüggen Enten geschlachtet und meist noch eine Kirmessau dazu. Auch Wild wurde gereicht. Übrigens: Zum Festtagskarpfen gehören Thüringer Klöße!

Festtagskarpfen im Gemüsebett

1 Karpfen
(ausgenommen ca. 1,5 kg)
25-30 g Salz
250 g Möhren
80 g Sellerie
80 g Kohlrabi
60 g Zwiebel
10 kleine Pfefferkörner
3 Nelken, 4 Wacholderbeeren
3 Pimentkörner, 1 Lorbeerblatt
100 g Schmand
1 Tasse helles Bier
250 g Butter, 1 TL Mehl
20 g Soßenkuchen

Vom selber geschlachteten Karpfen das Blut in einer Schüssel auffangen, mit 1 TL Essig und 3 EL Wasser verrühren und zur Soße verwenden!
Den Karpfen in 4 bis 6 Stücke teilen und ringsum einsalzen. Die geputzten, in Scheiben geschnittenen Möhren, den in kleine Scheiben geschnittenen Sellerie, den ebenfalls in Scheiben geschnittenen Kohlrabi (keine Stifte!), die in Würfel geschnittene, geschälte Zwiebel und die Gewürze in eine breite Pfanne geben. 1/2 Liter kochendes Wasser darübergießen.
Den Schmand im Bier verquirlen und dazugeben. Verrühren und aufkochen lassen. Die eingesalzenen Karpfenstücke nebeneinander auf das Gemüse legen. 50 g Butter zerlassen, bräunen und über den Karpfen geben. Die Pfanne zudecken. Den Karpfen 1/2 Stunde köcheln lassen. Dann in die vorgeheizte Herdröhre schieben und zugedeckt eine weitere halbe Stunde bei 150 Grad gardünsten, anschließend ohne Deckel 5 Minuten im abgeschalteten Herd stehen lassen. Dann den Karpfen auf eine Platte heben und warm stellen.

Die restliche Butter zerlassen und dabei braun werden lassen. Ständig rühren, damit sie nicht verbrennt. Die braune Butter vorsichtig in ein Kännchen gießen. In dem zurückbleibenden Butterfett Mehl und Soßenkuchen verrühren und mit dem Kochsud auffüllen; im Höchstfall soll 1/2 Liter Soße entstehen. Den auf seiner Platte liegenden Karpfen ringsum mit dem gekochten Gemüse garnieren. Auf jedes Karpfenstück einen guten Esslöffel braune Butter gießen. Der Karpfen muss vor Butter glänzen! Das restliche Gemüse in eine kleine Schüssel geben und mit 1 EL brauner Butter überglänzen. Den letzten Rest braune Butter auf die Soße gießen. Die Soße soll dünnflüssig, aber nicht wässrig sein. Dazu werden Thüringer Klöße gegessen.

Das ist das beste Karpfenrezept unserer Region! Karpfen muss eine halbe Stunde weichkochen und eine weitere halbe Stunde „festkochen“. Er braucht viel Butter! Auf drei Pfund Fisch rechnet man ein Stück Butter.

Tipp: Bei Fischrezepten wird in der Regel nur innen gesalzen, um die Haut zu schonen. Dieser Karpfen wird jedoch ringsum mit Salz eingerieben, weil er gut durchziehen muss!

Wildente in Sahnesosse

2 Wildenten (ca. 2 kg)
2 TL Salz, Pfeffer
1/2 TL Rosmarin
30 g Margarine
30 g Speck
30 g Butter
1 Zwiebel (ca. 50 g)
2 Wacholderbeeren
100 g Schmand
100 g saure Sahne
2 TL Speisestärke

Die ausgenommenen, gesäuberten, gewaschenen Enten trockentupfen. Mit Salz, Pfeffer und gerebeltem Rosmarin einreiben. In einer großen Bratpfanne die Margarine mit den Speckscheiben erhitzen. Die Enten zufügen und ringsum schön braun anbraten. Die Butter zerlassen und ab und zu etwas davon über den Braten gießen. Wenig Wasser zugeben, die geschälte, geviertelte Zwiebel und die zerdrückten Wacholderbeeren zufügen und mitbraten. Immer wieder den Bratsatz mit wenig Wasser lösen, dann die Flüssigkeit wieder „einbrutzeln“ lassen. Die Soße aus der Pfanne in einen kleinen Topf schöpfen, das oben schwimmende Bratfett wieder zurück in die Pfanne geben. In diesem Bratfett die mit dem Schmand verquirlte saure Sahne braun schmoren. Die Soße zurück in die Pfanne geben, heißes Wasser auffüllen und die Wildenten zugedeckt in der vorgeheizten Herdröhre ca. 1 Stunde bei 220 Grad garschmoren. Dabei den Braten öfters mit der Soße begießen. Die Vögel auf eine vorgewärmte Platte setzen und portionieren oder auch erst bei Tisch tranchieren. Die Soße mit 2 TL in kaltem Wasser angerührter Speisestärke nicht zu dickflüssig abbinden und vor dem Servieren durch ein Sieb geben.
Dazu schmecken Thüringer Klöße und Rotkraut.

Einer der schönsten „wilden Braten“ sind Wildenten. Sie werden vorwiegend zur Jagdzeit im Herbst angeboten.

Kürbiskompott

1,5 kg Kürbis (gewürfelt)
1 l Wasser
200-250 g Zucker, 1 TL Salz
3 Stangen Zimtrinde
8 Nelken, 4-5 EL Essig

Den Kürbis in Streifen schneiden, diese von der harten Schale und dem weichen Inneren befreien. Das feste Fruchtfleisch in Würfel schneiden. Reichlich 1 Liter Wasser in einen großen Topf geben. Zucker, Salz, Zimt, Nelken und Essig hinzufügen und aufkochen lassen. Die Kürbiswürfel in die kochende Flüssigkeit geben, so viel Wasser auffüllen, dass der Kürbis vollständig bedeckt ist, und 5-10 Minuten kochen lassen. Der Kürbis soll glasig aussehen und nicht zu weich sein. Er muss noch „Biss“ haben. Abkühlen lassen und kalt servieren.

Selleriesalat

250 g geputzter Sellerie
60-70 g Zucker, 1/2 TL Salz
2 EL Essig, 250 ml Wasser

Den Sellerie in nicht zu dünne Scheiben schneiden. Die Scheiben mit Zucker, Salz und Essig in 1/4 Liter Wasser geben und in 20-30 Minuten weich kochen. Der Sellerie soll süß schmecken und nur wenig dickflüssige Soße haben.

Selleriesalat und Kürbiskompott gehören von alters her zum Karpfen – wegen ihres Wohlgeschmacks, aber auch wegen der verdauungsfördernden Wirkung!

Bachforellen und Flusskarpfen sind noch heute in Thüringen zu finden. Darüber hinaus hatten die wohlhabenderen Bauern meist eigene Fischteiche. Forelle und Karpfen sind demnach auch die Favoriten der Fischküche. Seefisch hat hier keine Kochtradition. Nur der Salzhering fand seinen Weg auch in die Bergwelt Thüringens. Er wird hier – wie überall – mariniert, das aber mit viel guter Thüringer Sahne ...

Gebratene Forellen mit Kartoffelstampf

Historisches Rezept

4 kleine Forellen
Salz, Pfeffer, Zitronensaft
4 Stängel Rosmarin
2 EL Semmelmehl
2 EL Mehl, 100 g Butter
Sahnemeerrettich (fertig kaufen)
oder eine Tasse Sahne und
75-100 g geriebener Meerrettich
Essig, Zucker, Salz

Für den Kartoffelstampf:
1 kg geschälte halbierte Kartoffeln
1/4 l Milch, 1 TL Salz
1-2 TL Butter

Die ausgenommenen Forellen waschen, innen und außen mit Salz und Pfeffer einreiben, mit Zitronensaft beträufeln, in jeden Fischbauch längs einen Stängel Rosmarin legen Die Forellen im Semmelmehl-Mehl-Gemisch wenden und in eine Bratpfanne legen, mit zerlassener Butter begießen und im Herd bei 225 Grad 20-25 Minuten braten lassen. Den Sahnemeerrettich extra reichen.
Die Kartoffeln in wenig Wasser weich dünsten. Das Wasser abgießen. Die Kartoffeln zu Brei stampfen. Die heiße Milch, Salz und Butter zugeben und zu einem glatten Brei verrühren.
Dazu schmeckt Rapunzelsalat.

Stampf ist eine etwas altmodische Bezeichnung für Kartoffelpüree. Er darf nicht mit dem fast dünnflüssigen Thüringer Kartoffelbrei verwechselt werden.

Tipp: Statt Sahnemeerrettich gibt man auch gern etwas zerlassene Kräuterbutter über das Kartoffelpüree.
Und zu diesem Gericht gehört Weißwein, damit der Fisch weiter „schwimmen“ kann.

Weissweinsosse

1 EL Mehl
1 Tasse Weißwein
100 ml Schlagsahne
1 Eigelb

Mehl in das Bratfett rühren und mit Weißwein ablöschen. Die Sahne einrühren, aufkochen, vom Feuer nehmen. Mit Salz und Pfeffer abschmecken und evtl. übriggebliebene Kräuter zugeben sowie etwas Zitronensaft, Fisch- oder Gemüsebrühe.

Thüringer Bachforellen, blau gekocht

4 Forellen
(insgesamt ca. 1,5-2 kg)
2 l Essigwasser
150 g Möhren
50 g Sellerie
50 g Zwiebel, 1 TL Salz
5 Pfefferkörner
2 Pimentkörner
1/2 Lorbeerblatt
1/2 Glas Weißwein
oder 1 Spritzer Zitrone
60-80 g Butter
1/2 TL Mehl

Die gesäuberten, gewaschenen Forellen mit starkem, siedendem Essigwasser übergießen und zugedeckt ca. 10-15 Minuten stehen lassen, damit sie „blau" werden. Dann den Essig abgießen.

Möhren und Sellerie putzen und in Scheiben schneiden; die Zwiebel schälen und in Ringe schneiden. Das Gemüse mit Salz, Pfefferkörnern, Piment und Lorbeer in eine Pfanne geben, mit reichlich 1/2 l heißem Wasser 15 Minuten vorkochen, dann den Wein (oder Zitronensaft) hinzufügen und die vorbereiteten Forellen in den Würzsud legen. Vorsicht, nicht die Haut verletzen! Die Forellen zugedeckt kurz aufkochen und dann 20-25 Minuten bei geringer Hitzezufuhr garziehen lassen. Zwischendurch immer wieder mit der Flüssigkeit beschöpfen, dann ziehen sie besser durch. Die Butter in einem kleinen Töpfchen zerlassen. 2 TL davon wegnehmen, in einen kleinen Tiegel geben und darin 1/2 TL Mehl verrühren. Die knappe Fischbrühe zugeben, so dass eine ganz leicht gebundene Soße entsteht.

Die Forellen mit der zerlassenen hellen Butter und dem mitgekochten Gemüse auftragen.

Dazu gehören Salzkartoffeln und ein frischer Salat.

Tipp: Nur ganz frisch geschlachtete Forellen lassen sich „bläuen"!

Fischsuppe Thüringer Art

500-600 g Fischfilet
(frisch oder gefrostet)
1 große Zwiebel, 2 Knoblauchzehen
1 EL Öl, 200 g Möhrenscheiben
200 g Kohlrabistifte
100 g Selleriestreifen
2 TL getrocknetes Selleriekraut
je 100 g rote und
gelbe Paprikaschote
100 g Porreeringe (1 kleine Stange)
100 g Schmand, 2 TL Mehl
1 l Brühe (= 3 TL Pulver)
2 TL Zitronensaft, 1-2 TL Currypulver
1 Lorbeerblatt, Salz, Pfeffer
Petersilie, 30-40 g Kräuterbutter

Zwiebel- und Knoblauchwürfel im heißen Öl anschwitzen. Möhrenscheiben, Kohlrabistifte und Selleriestreifen nur kurz mit anschwitzen. Zwischendurch Paprikastreifen, Selleriekraut und Lorbeerblatt zugeben. Mit Brühe ablöschen und in ca. 10 bis 15 Minuten alles weich köcheln. Das im Schmand verquirlte Mehl einrühren. Mit Zitronensaft, Salz, Curry und Pfeffer abschmecken. Kräuterbutter und große Fischwürfel zugeben. Kurz aufkochen und noch 10 Minuten ziehen lassen. Mit Petersilie bestreut auftragen.
Dazu gibt es ein Brötchen oder eine Scheibe Brot als vollständige und sehr schmackhafte Mahlzeit.

Fischsuppe auf andere Art

1 Zwiebel, 1 Knoblauchzehe
3 EL Öl, Zitronensaft
Salz, Pfeffer
250 g Kartoffelwürfel
350 g Tomaten
750 ml Brühe
500 g Fischfilet
3 EL Sahne, 1 Eigelb
1 TL Zucker

Zwiebel- und Knoblauchwürfel kurz andünsten, salzen und mit Zitronensaft beträufeln. Kartoffelwürfel und Brühe zugeben und ca. 20 Minuten mit den Tomatenwürfeln kochen. Große Fischwürfel zugeben, kurz aufkochen, noch weitere 10 Minuten ziehen lassen. Eigelb mit Sahne verquirlt in die Suppe rühren. Mit Salz, Pfeffer und Zucker abschmecken. Zum Schluss ein Stück Kräuterbutter unterrühren und mit gehackter Petersilie bestreut servieren.

Eine leichte Vorsuppe.

Weidaer »Karpfen blau« mit Klössen

1,5 kg Karpfen
1/4 l starkes Essigwasser
50 g Zwiebel
50 g Sellerie
50 g Möhre
1/2 Stängel Porree
1 Petersilienwurzel
1/2 l Wasser
10 Pfefferkörner
3 Nelken
1 Lorbeerblatt
25 g Salz
1 Glas Weißwein
200-250 g Butter
1/2 TL Mehl

Den ausgenommenen, gesäuberten Karpfen in Portionsstücke teilen, auf eine Platte legen und mit siedendem, etwas verdünntem Essig übergießen. Den Essig sofort wieder abgießen, sonst wird der Karpfen sauer. Die Karpfenstücke zum Bläuen 15 Minuten in Zugluft stellen.
Zwiebel schälen und in Ringe schneiden, Sellerie, Möhre, Porree und Petersilienwurzel waschen, putzen und würfeln. Das Gemüse mit 1/2 Liter Wasser und den Gewürzen in einen ausreichend großen Topf geben, zum Kochen ansetzen und 10 Minuten kochen lassen. Den gebläuten Karpfen auf der Unterseite salzen und auf das Gemüse setzen. Den Weißwein zugießen, Topfdeckel auflegen und zugedeckt 1/2 Stunde bei 175 Grad garen lassen; die letzten 10 Minuten ohne Deckel. Den Karpfen auf eine vorgewärmte Platte heben und mit reichlich zerlassener Butter begießen. Die Fischbrühe durch ein Sieb in einen kleinen Topf abgießen, dabei das mitgekochte Gemüse samt Gewürzen durchs Sieb drücken und nochmals aufkochen lassen. Die Soße mit in kaltem Wasser angerührtem Mehl leicht binden. Auf diese Soße ebenfalls zerlassene Butter geben.
Dazu werden Rotkraut und Thüringer Klöße gereicht.

Ein gutes Gericht, an den Festtagskarpfen zur Kirmes reicht es aber nicht heran.

Marinierter Hering

800 g Salzheringfilets
1/2 l Milch zum Einlegen
1-2 EL Mayonnaise
2 EL Schmand
2 EL saure Sahne
1 Tasse Milch
1 TL Senf, 1 Lorbeerblatt
3 Pimentkörner
3 Wacholderbeeren
1 Prise getrockneter, gerebelter Estragon
1 Msp. Pfeffer
1/2 Tasse Gurkenbrühe von eingelegten sauren Gurken
1 kleiner säuerlicher Apfel
1 Zwiebel, 2 Gewürzgurken
1 Stück rohe Möhre
Essig, Zucker, Salz

Werden ganze Salzheringe gekauft (etwa 1 kg), sind diese über Nacht zu wässern, dann auszunehmen, von Haut und Gräten zu befreien, also zu filetieren. Bei fertig gekauften Salzheringfilets entfallen diese Arbeitsgänge; sie werden nur 1-2 Stunden in Milch gelegt.
Die Filets in Stücke schneiden oder auch nur halbieren. Mayonnaise, Schmand, Sahne und Milch miteinander verquirlen, die Gewürze zugeben und mit der Gurkenbrühe unterrühren. Apfel und Zwiebel schälen und wie die Gurken in feine Würfel schneiden. Die Möhre raspeln und dazugeben. Die Hälfte dieser würzigen Remoulade in eine Schüssel geben. Die Heringsfilets drauflegen und mit der restlichen Remoulade bedecken. Über Nacht durchziehen lassen. Erst danach mit Essig, Zucker, eventuell auch mit etwas Salz abschmecken.
Dazu Pellkartoffeln und ein frischer Salat.

Seefisch wird in Thüringen kaum verarbeitet. Früher waren einfach die Wege von der Küste zu lang, und er konnte nicht frisch in die Dörfer kommen. Nur der Salzhering fand selbst im Bergland Freunde. So zubereitet ist er zart, sahnig und würzig.

Geflügel, Wild und Kaninchen

In einer vorwiegend bäuerlichen Region, in der ein guter Braten über alles geschätzt wird, hat sich eine reichhaltige Geflügel- und Wildküche entwickelt. Auch hier wird viel auf den Eigengeschmack des Fleisches gesetzt und sparsam gewürzt.

Bei „fetten“ Braten wie Gans und Ente muss das Fett ständig abgeschöpft werden, sonst bräunt die Soße nicht.

Hasen und Kaninchen werden meist vor dem Braten portioniert.

Geflügel und Wild im Ganzen bereitet man am Tag vor dem Verzehr zu, schneidet das Fleisch kalt auf und erwärmt es vor dem Servieren nur kurz. Besonders lecker sind die Füllungen.

Paprikakeulchen mit Brokkoli

750 g Hähnchenkeulen
1 geh. TL Salz
2 TL Edelsüßpaprika
Pfeffer aus der Mühle
1 EL Öl, 20 g Butter
1 kleine Zwiebel
1/4 l Hühnerbrühe (= 1 TL Pulver)
1-2 EL Schmand
1 TL Speisestärke

Brokkoligemüse:
500 g Brokkoli
400 ml Wasser
1/2 TL Salz
2 TL Gemüsebrühpulver
30 g Butter
1 EL Mehl
150 ml Kochwasser
75 ml Schlagsahne

Salz, Pfeffer und Paprika vermischen und die Hähnchenkeulen damit einreiben. 1/2 Stunde stehen lassen. Nun in heißem Öl-Butter-Gemisch ringsum braun anbraten. Aus der Pfanne nehmen, mit einem Schuss Brühe ablöschen und die Zwiebelwürfel nicht zu dunkel darin anschwitzen. Schmand einrühren und die Brühe zugeben. Das Fleisch zurück in die Pfanne geben, zugedeckt bei 180 Grad eine Stunde garen. Aufdecken, weiter braten und dabei überbräunen.
Die gestifteten Brokkolistiele in kochendes Wasser mit Salz und Brühpulver geben, 2-3 Minuten kochen lassen, dann die Röschen zugeben und noch ca. 2 Minuten kochen. Platte abstellen und noch 3 Minuten köcheln lassen. Abgießen, Gemüsekochwasser auffangen. Mehl in die leicht gebräunte Butter rühren, mit abgekühltem Gemüsewasser ablöschen. Sahne einrühren und aufkochen, über die Röschen geben. Das restliche Gemüsewasser, wenn nötig, über die Hähnchensoße geben und alles mit Speisestärke binden.
Mit Salzkartoffeln oder dicken Nudeln eine feine milde Mahlzeit.

Hähnchen in würziger Soße auf Knausche Art

1 Hähnchen
1 Knoblauchzehe
20 g Salz, Pfeffer
Rosenpaprika
50 g Margarine
20 g Butter
50 g Räucherbauch
1 Stängel Beifuß
60 g Zwiebel
1 TL Mehl
1/2 TL Stärkemehl

Das gewaschene und abgetrocknete Hähnchen in vier Teile zerteilen, mit der halbierten Knoblauchzehe einreiben, salzen, pfeffern und mit Paprika bestäuben.

Margarine, Butter und in Scheiben geschnittenen Speck in einer Gänsebratpfanne erhitzen. Die Stücke mit der Bauchseite nach unten hineinlegen. Anbraten. Dabei immer wieder heißes Wasser zugießen und den Bratsatz lösen, dann „einbraten“ lassen, erneut auffüllen und so weiter und so fort. Ist der Bratsatz schön braun, die Knoblauchzehe, Beifuß und die halbierte Zwiebel zufügen, kurz anbraten lassen und dann mit so viel heißem Wasser auffüllen, dass das Hähnchenfleisch zur Hälfte bedeckt ist. In die auf 250 Grad vorgeheizte Röhre schieben und zugedeckt 1 Stunde braten lassen. Zwischendurch immer wieder den Bratsatz über die Fleischstücke schöpfen und bei Bedarf heißes Wasser nachfüllen. Die Soße soll nicht mehr als 1/2 Liter Flüssigkeit haben.

Die garen, knusprigen Hähnchenstücke auf eine Platte legen und warm stellen. Den Bratsatz vom Pfannenrand her in die Mitte kratzen und die Soße durchs Sieb in einen kleinen Topf gießen. Gewürze, Speck und Zwiebel durchs Sieb drücken. Die Soße mit in kaltem Wasser angerührtem Mehl und Stärkemehl verrühren und kurz aufkochen lassen.

Zu diesem herzhaften Sonntagsessen Thüringer Klöße und Sauerkraut servieren.

Gefülltes Hähnchen in Sahnesosse

1 küchenfertiges Hähnchen
150-200 g Hackfleisch, ungewürzt
1/2 Brötchen
1 Ei, 2 TL Salz, Pfeffer
20 g Butter
30 g Margarine
20 g Speck
1 Stängel Beifuß
1 Stängel Thymian
60 g Zwiebel
100 g saure Sahne
100 g Schmand
1-2 TL Speisestärke

Ein vollkommenes Gericht, herzhaft und sahnig. Als Sonntagsmenü mit Thüringer Klößen und Rotkraut sehr zu empfehlen.

Das Hähnchen innen und außen trockentupfen. Das Gehackte mit dem eingeweichten und ausgedrückten Brötchen, dem Ei, Salz und Pfeffer vermischen und gut durchkneten. Den Bauch des Hähnchens damit füllen, zunähen.
Das Hähnchen außen mit Salz und Pfeffer einreiben. Butter, Margarine und Speckscheiben in einer ausreichend großen Bratpfanne erhitzen. Das Hähnchen von allen Seiten schön knusprig braun anbraten. Beifuß, Thymian und die geschälte, halbierte Zwiebel zufügen. Immer wieder Wasser zugeben und „einbrutzeln" lassen, bis ein schöner brauner Bratfond entstanden ist. 1/4 l Wasser zugeben, durchkochen lassen. Das Hähnchen kurz aus der Pfanne nehmen, den Bratfond in ein kleines Töpfchen abgießen. Das Fett abschöpfen und zurück in die Pfanne geben. Saure Sahne und Schmand zufügen und das ganze so lange auf dem Herd „braten" lassen, bis eine hellbraune Sahnesoße entstanden ist. Hähnchen und Bratfond wieder zugeben, so viel Wasser auffüllen, dass der Braten zur Hälfte bedeckt ist. Die Herdröhre auf 250 Grad vorheizen, das Hähnchen bei 175 Grad in 1 - 1 1/2 Stunden zugedeckt weich braten. Das Hähnchen etwas erkalten lassen, portionieren, mit der Hautseite nach oben nochmals in offener Pfanne in die heiße Herdröhre stellen, überbräunen lassen und dabei ständig mit dem Bratfond übergießen.
Das Hähnchen auf einer vorgewärmten Platte anrichten. Die Soße mit Speisestärke binden (kalt anrühren!) und abschmecken.

Entenbraten

1 Ente (ca. 2 kg)
20 g Salz, Pfeffer
2 kleine Stängel Beifuß
1 kleiner Apfel
1 kleine Zwiebel
1-2 TL Stärkemehl

Tipp: Zu beachten ist, dass selbstaufgezogene Enten längere Bratzeiten bei niedrigeren Temperaturen (ca. 2 Stunden bei 200-220 Grad!) haben als die tiefgefrorenen aus dem Handel. Die bekommen übrigens durch Zugabe von 1/2 Knoblauchzehe einen angenehmen Geschmack. Streut man dazu am Anfang eine kleine Prise Majoran über die Ente, nimmt das den kieligen Geschmack.

Ist die Ente sehr fett, das austretende Bratfett abschöpfen; sonst wird auch die Soße nicht braun.

Die Ente eventuell innen und außen noch säubern. Unbedingt Gallenblase sehr vorsichtig auslösen und den Bürzel abschneiden. Hals und Flügel abschneiden und für Geflügelklein beiseite stellen. Die Ente gründlich waschen und trockentupfen. Innen und außen mit Salz einreiben. Leicht pfeffern. 2 kleine Stängel Beifuß in den Bauch der Ente geben, dazu die Zwiebel und einen kleinen ganzen, ungeschälten Apfel (nur die Blüte ausschneiden!). In der Gänsebratpfanne 1/2 l Wasser zum Kochen bringen. Die Ente mit der Brustseite hineinlegen und so eine halbe Stunde bei gelinder Hitze dünsten lassen, damit sich das Fett löst. Dann die Herdröhre vorheizen und die Ente in offener Pfanne bei 250 Grad 60-90 Minuten braten. Immer wieder ein wenig Wasser nachgießen und den Bratsatz vom Pfannenboden und von den -rändern lösen. Die Ente öfter mit Bratflüssigkeit übergießen, damit sie schön saftig wird. In der Mitte der Bratzeit die geschälte Zwiebel ganz hinzufügen.

Die gare Ente aus der Pfanne heben, Apfel, Zwiebel und Beifuß entfernen, portionieren und mit der Hautseite nach oben wieder in die Pfanne legen und in die heiße Röhre schieben. Die erhitzten Stücke mit kaltem Wasser beträufeln, so wird die Haut schön knusprig und kross. Die Ente auf einer vorgewärmten Platte anrichten. Den Bratsatz durch ein Sieb abgießen, dabei die Zwiebel entfernen. Die Soße mit etwas kalt angerührter Speisestärke binden.

Dazu Thüringer Klöße, Rotkraut und Wirsing.

Gefüllte Tauben

4 junge Täubchen
2 TL Salz
30 g Margarine
30 g Speck, 1/2 TL Salz
20 g Butter
150 ml süße Sahne
100 ml Schmand
2 TL Speisestärke

Für die Füllung:
30 g Butter, 20 g Zwiebel
1/2 Brötchen
Leber, Mägen und Herzen der Tauben
2 Eier, 1/2 TL Salz
1 TL gehackte Petersilie
1 Spur Muskat

Tipp: Ungefüllte Tauben werden ebenso gebraten, nur geht das etwas schneller.

Die Täubchen rupfen und ausnehmen. Mägen (aufgeschnitten und von der inneren festen Haut befreit), Leber und Herzen für die Füllung beiseite stellen. Die Tauben waschen, trockentupfen und mit Salz einreiben.

Für die Füllung die Butter erhitzen und darin die Zwiebelwürfel andünsten. Das eingeweichte, wieder ausgedrückte Brötchen sowie die feingewiegten Mägen, Lebern und Herzen der vier Tauben dazugeben und durchrühren. Alles 5-10 Minuten bei leichter Hitze schmoren. Den Topf vom Herd nehmen. Die Eier unterrühren, Salz, Petersilie und Muskat zufügen und so lange rühren, bis alles gebunden ist. Die Tauben damit füllen. Anschließend die Bauchöffnung mit Sternzwirn zunähen. Die Tauben in dem heißen Margarine-Speck-Gemisch braun anbraten. Immer wieder Wasser zugeben und „einbraten" lassen, dass ein kräftiger Bratfond entsteht. Dann heißes Wasser zugießen, die Tauben mit zerlassener Butter begießen und in der vorgeheizten Röhre bei 175 Grad ca. 30-40 Minuten in der offenen Pfanne braten lassen. Dabei öfters heißes Wasser zugießen und den Bratsatz lösen. Die Tauben während des Bratens von einer Seite auf die andere drehen. Nach 40 Minuten die Röhre abschalten und die Tauben „nachgaren" lassen, aus der Pfanne nehmen, den Bratfond abgießen und im zurückbleibenden Fett die Sahne anschmoren, bis sie bräunlich ist. Dann Soße und Braten zurück in die Pfanne geben, noch etwas Wasser zufügen und kurz erhitzen. Mit der in kaltem Wasser angerührten Speisestärke binden.

Täubchen in Eiersosse auf Oberländer Art

Historisches Rezept

4 Täubchen, 2 TL Salz
1/2 l Wasser, 1 kleine Zwiebel
100 g Butter oder Margarine

Für die Sosse:
1 TL Mehl, 1/4 Tasse Milch
2 Scheiben Brötchen
1 TL Butter

Ein vor allem im Thüringer Oberland weithin bekanntes Gericht.

Die gerupften, ausgenommenen und gewaschenen Täubchen innen und außen mit Salz bestreuen, in eine kleine Pfanne legen und mit heißem Wasser begießen. Bei nicht zu starker Hitze langsam gar kochen. Die Wassermenge kontrollieren, eventuell nachfüllen; sie sollte aber 1/2 Liter nicht überschreiten. Nach 10 Minuten Kochzeit die geschälte Zwiebel zugeben. Sind die Täubchen nach 30-40 Minuten gar, die Brühe durch ein Sieb abgießen und beiseite stellen. Die Täubchen abtropfen lassen.

Die Butter in einem breiten Tiegel erhitzen und leicht bräunen lassen. Die Täubchen ringsum knusprig braun braten. Dann auf einer Platte warm stellen.

Für die Soße in der verbliebenen Bratbutter 1 TL Mehl leicht anschwitzen und die Brühe auffüllen. Durchkochen lassen. Das in der Milch angerührte Ei zugeben und nicht mehr kochen lassen, weil sonst die Soße flockig wird. Die Brötchenscheiben in Würfel schneiden, in der Butter anrösten und zur Soße reichen.

Dazu werden Halbseidene Klöße gegessen. Am Sonntag gehören natürlich Thüringer Klöße dazu.

Hühnerfrikassee mit Gemüse

1 Suppenhuhn
oder Hähnchen (ca. 1 kg)
60 g Butter
50 g Zwiebel
1 Scheibe Zitrone
1 TL Salz
1/2 TL Thymian
1/4 TL Basilikum, Estragon
2 EL Mehl
100 ml Weißwein
2 Eigelb, 1 Prise Zucker
100 g Feinfrosterbsen
150 g Spargelabschnitte
(Konserve)

Huhn und Hähnchen waschen und in vier Teile schneiden. Die Hälfte der Butter zerlassen und das Hähnchen dazugeben. Die geschälte, geviertelte Zwiebel dazugeben, die Zitronenscheibe (die ganze Frucht vorher gründlich unter heißem Wasser abbürsten!), das Salz und die Gewürze zufügen. So viel heißes Wasser zugießen, dass die dicht beieinander liegenden Hühnerstücke zu zwei Dritteln davon bedeckt sind. Zugedeckt 30-40 Minuten leise kochen lassen, bis das Fleisch weich ist. Die Brühe durch ein Sieb gießen und 3-4 EL von der Spargelbrühe aus der Konserve dazugeben.

In der restlichen Butter das Mehl hell anschwitzen und unter die Hühnerbrühe rühren. Den Weißwein zufügen und alles aufkochen lassen. Den Topf vom Herd nehmen, etwas abkühlen lassen und die Eigelb unterziehen. Erneut erhitzen, aber nicht mehr kochen lassen! Mit 1 Prise Zucker abschmecken.

Das Fleisch von der Haut und den Knochen lösen, in mundgerechte Stücke schneiden und in eine Schüssel geben. Darüber die erhitzten Spargelstücke und die separat in wenig Salzwasser gegarten Erbsen anrichten. Die Soße darübergießen.

Zu dieser zarten, wohlschmeckenden Speise wird Reis gegessen und ein frischer Salat.

Tipp: *Auf gleiche Weise wird auch Kalbsfrikassee zubereitet.*

Hähnchen in Kohlrabisosse

Historisches Rezept

1 küchenfertiges Hähnchen
2 TL Salz, Pfeffer
1/2 l Wasser
1 Zwiebel
100 g Butter

Für die Sosse:
1 TL Mehl
1 Ei, 1/4 Tasse Milch
1 Kohlrabi
2 Scheiben Brötchen
1 TL Butter

Das gewaschene Hähnchen innen und außen mit Salz und Pfeffer bestreuen, in eine kleine Pfanne legen und mit heißem Wasser begießen. Bei nicht zu starker Hitze langsam garkochen. Die Wassermenge kontrollieren, eventuell nachfüllen; sie sollte aber 1/2 Liter nicht überschreiten. Nach 30 Minuten Kochzeit die geschälte Zwiebel zugeben. Ist das Hähnchen nach 50-60 Minuten gar, die Brühe durch ein Sieb abgießen, beiseite stellen. Das Hähnchen abtropfen lassen.
Die Butter in einem breiten Tiegel erhitzen und leicht bräunen lassen. Das in vier Teile zerlegte Hähnchen auf beiden Seiten darin knusprig braun braten. Dann auf einer Platte warm stellen.
Für die Soße in der verbliebenen Bratbutter 1 TL Mehl leicht anschwitzen und die Hähnchenbrühe auffüllen. Durchkochen lassen. Das in der Milch angerührte Ei zugeben und nicht mehr kochen lassen, weil sonst die Soße flockig wird.
Den Kohlrabi schälen, zuerst in Scheiben, dann in Stifte schneiden und in wenig Salzwasser separat gardünsten (15-20 Minuten). Nun die Kohlrabistifte in die Soße geben. Die Brötchenscheiben in Würfel schneiden, in der Butter anrösten und zur Soße reichen.
Dazu werden Halbseidene Klöße gegessen, sonntags auch Thüringer Klöße.

Ein ganz altmodisches Gericht, das aber immer noch beliebt ist. Auf diese Weise wird auch ein zähes Huhn genießbar. Wird das Gericht mit einem Suppenhuhn zubereitet, gibt es eine besonders kräftige Brühe.

Putenbraten

1 kg Putenoberschenkel
1 EL Öl
1 TL Paprika, Pfeffer
2 geh. TL Salz
75 g Räucherbauch
30 g Butter
je 50 g Möhre und Sellerie
2 Zwiebeln
2 TL Thymian
1 EL Tomatenmark
100 ml Schmand
1/4 l Weißwein
4 Wacholderbeeren
1 Lorbeerblatt
1/4 l Hühnerbrühe (1 TL Pulver)
2 TL Speisestärke

Fleisch mit Salz, Pfeffer, Paprika und Öl einreiben. Mit der Hautseite nach unten in zerlassener Butter und dicken Bauchspeckscheiben anbraten. Umdrehen und weiterbraten. Aus der Pfanne nehmen. Gewürfeltes Gemüse mit Zwiebel im Bratfett anrösten. Schmand etwas mitbraten und das Tomatenmark einrühren. Mit Brühe und der halben Menge Wein ablöschen. Fleisch zurück in die Pfanne geben, mit Bratfett beschöpfen. Lorbeerblatt, Wacholderbeeren und Thymian zugeben. Aufgedeckt bei 180 bis 200 Grad garen, bis es weich ist (ca. 1 Stunde). Dabei öfter mit dem Bratfett beschöpfen und den Wein zugeben. Die Pute soll saftig sein, ihre Haut knusprig, aber nicht so kross wie bei der Gans.
Das Gemüse etwas durch ein Sieb drücken und in die Soße geben. Mit Speisestärke leicht binden. Fleisch in Scheiben schneiden.
Mit Klößen und Wirsing oder Rotkraut ein reines Festessen!

Blut (»Schweiss«)

400 ml Milch, 100 ml Wasser
1/4 l Gänse- oder Schweineblut
1-2 Eier
1 1/2 TL Salz, 1 geh. TL Majoran
1 TL Kümmel, Pfeffer
2 Semmeln, 100 g Zwiebel
100 g Speck

Milch, Wasser und Blut gut verrühren. Eier, Salz und Gewürze zugeben und weiter rühren. Die Semmeln würfeln und zufügen. Die Zwiebel schälen, klein hacken und zu den ausgebratenen Speckwürfeln in eine breite Pfanne geben. Die Zwiebel nur glasig werden lassen. Das Blutgemisch in die Pfanne geben, kurz stocken lassen. In der Herdröhre bei 180 Grad ca. 30 Minuten garen lassen. Dazu gibt es Sauerkraut und Salzkartoffeln.

Schwarzsauer zu Klössen

Gänseklein von 2 Gänsen
1/2 TL Salz
50 g geschälte klein gehackte Zwiebel
1 Nelke
2 Pimentkörner
3 Pfefferkörner
1/2 TL Mehl
1 TL Reibekuchen
25 ml Gänseblut (aufgefangen, mit ein wenig Essig und Wasser verquirlt)
2 TL Essig
1 Msp. Zucker, Pfeffer, Salz
50 g Butter

Das Gänseklein mit Salz, Zwiebel und Gewürzen in nicht zu viel kaltem Wasser ansetzen, zum Kochen bringen und in ca. einer Stunde weich köcheln lassen. Die Brühe durch ein Sieb in einen Topf gießen; das Gänseklein abtropfen lassen.
350 ml Brühe mit dem in wenig Wasser angerührten Mehl und dem ebenfalls angerührten Reibekuchen leicht binden, aufkochen lassen und vom Herd nehmen. Das Gänseblut flott unterrühren, von nun an nicht mehr kochen lassen! Das Blut macht die Soße seimig. Das Schwarzsauer mit Essig, Zucker, frisch gemahlenem Pfeffer und Salz würzig abschmecken.
In einer Pfanne die Butter erhitzen. Das gare Gänseklein darin von allen Seiten knusprig braun anbraten. Die übrig bleibende Butter auf die Schwarzsauersoße gießen.
Das Gänseklein auf einer vorgewärmten Platte anrichten. Die Soße extra dazureichen. Mit Thüringer Klößen servieren.

Schwarzsauer ist ein uraltes, typisch Thüringer Gericht, das in der Vorweihnachtszeit, wenn es ans Gänseschlachten ging, in jeder Bauernwirtschaft auf den Tisch kam.

Tipp: *Man kann Schwarzsauer auch aus frischgeschlachtetem Schweinefleisch und mit Schweineblut zubereiten. Das ist eine Spezialität für Kenner.*

Stallhase auf wilde Art

1 küchenfertiges Kaninchen
30 g Speck zum Spicken
1-2 l Buttermilch
1 kleines Lorbeerblatt
2 Nelken
4 Wacholderbeeren
4-5 Pfefferkörner
2 Pimentkörner
2 EL Senf
20-25 g Salz
25 g Butter
50 g Margarine
70 g Speck
50 g Zwiebel
100 g saure Sahne
100 g Schmand
1 TL Mehl
1 TL Speisestärke

Tipp: Beim Säubern des Kaninchenfleisches darauf achten, dass das Nierenfett zu 2/3 entfernt wird.

Kaninchen waschen und zerlegen. Keulen und Rückenstücke mit dünnen Speckstreifen spicken, in ein hohes Gefäß legen, die Buttermilch mit den Gewürzen verquirlt darübergießen. Das Fleisch soll völlig bedeckt sein. 1-2 Tage so marinieren lassen. Dann das Fleisch auf einem Durchschlag abtropfen lassen und trockentupfen. Mit Senf bestreichen und salzen.

In einer Pfanne Butter und Margarine erhitzen, Speckscheiben darin glasig werden lassen und die Kaninchenstücke darin anbraten. Die Buttermilchmarinade durch ein Sieb abgießen und die Gewürze dem Hasenbraten zufügen.

Die Hasenstücke von allen Seiten braun braten. Dabei immer wieder mit etwas heißem Wasser den Bratsatz lösen und die Pfannenränder abkratzen. Dann die Flüssigkeit „einbrutzeln" lassen und den Vorgang wiederholen.

Wenn der Bratfond richtig braun geworden ist, etwas mehr Wasser zugießen, aufkochen lassen und die Soße in einen kleinen Topf gießen. Das oben schwimmende Bratfett zurück in die Pfanne schöpfen und darin das Sahne-Schmand-Gemisch braun schmoren lassen. Dann die Soße zurückgeben, soviel Wasser zufügen, dass die Hasenstücke zu einem Drittel mit Flüssigkeit bedeckt sind.

In der vorgeheizten Röhre den Braten zugedeckt eine Stunde bei 220-250 Grad garen lassen. Die Hasenstücke auf einer vorgewärmten Platte anrichten. Die Soße mit etwas kalt angerührtem Mehl und ebenso angerührter Speisestärke binden. Durch ein Sieb gießen.

Mit Rotkraut und Thüringer Klößen auftragen.

Feldhasenrücken Greizer Art

1 großer oder 2 kleine Feldhasenrücken (800-1000 g)
80 g Speck
1 TL Salz, Pfeffer
20 g Margarine
40 g Butter
50 g Zwiebel
4 Wacholderbeeren
1 kleines Lorbeerblatt
100 ml Schmand
100 ml saure Sahne
1/4 l heißes Wasser
100 ml Rotwein
1 TL Speisestärke
Zucker, Zitronensaft
Preiselbeeren

Den Hasenrücken häuten und mit 30 g Speckstiften spicken. Mit Salz und Pfeffer einreiben. Den restlichen Speck in Scheiben schneiden und zugeben. Die Fleischstücke mit der gespickten Seite nach unten anbraten, dann wenden und wieder anbraten. Die Butter zerlassen. Die Hälfte davon auf den Hasenrücken schöpfen. Die geschälte, halbierte Zwiebel zugeben und goldgelb werden lassen. Dann die zerdrückten Wacholderbeeren und das Lorbeerblatt zufügen. Ist der Bratsatz schön braun geworden, das Schmand-Sahne-Gemisch zugießen und weiter schmoren, bis die Soße hellbraun geworden ist. Dabei immer rühren. 1/4 l heißes Wasser und den Rotwein zugießen. Die übrige zerlassene Butter auf den Hasenrücken gießen. Die Pfanne zugedeckt in die vorgeheizte Herdröhre schieben und bei 220 Grad 30-40 Minuten garen. Evtl. etwas heißes Wasser zugießen. Dann die Röhre abschalten und den Braten noch 10 Minuten darin ruhen lassen. Den Hasenrücken auf einer vorgewärmten Platte anrichten. Die Soße mit der in kaltem Wasser angerührten Speisestärke binden. Mit einer Prise Zucker und einem Spritzer Zitrone abschmecken. Mit den Preiselbeeren garnieren.
Dazu schmecken Kartoffelbällchen und Rosenkohl.

Eine feines Rezept! Rehrücken wird auf ähnliche Weise zubereitet, aber ohne Rotwein.

Kaninchenbraten süsssauer

Historisches Rezept

1 Kaninchen
20 g Speck
20 g Salz, Pfeffer
50 g Margarine
60 g Zwiebel
100 g Möhre
50 g Sellerie
1/2 Lorbeerblatt
5 Pfefferkörner
4 Wacholderbeeren
2 Pimentkörner
1 TL Mehl
3 TL gemahlener Soßenkuchen
3 TL Essig, 1 TL Zucker
75 g Butter

Das Kaninchen in 7 Portionen teilen: 2 Keulen, 2 Vorderläufe und 3 Rückenstücke. Die Fleischstücke waschen, trockentupfen, die Keulen mit dem gekühlten, in feine Streifen geschnittenen Speck spicken. Alle Stücke salzen und pfeffern. In einer großen Bratpfanne Margarine erhitzen und die Portionen darin von allen Seiten etwas braun anbraten. Wasser angießen, die geschälte, geviertelte Zwiebel, das geputzte, klein geschnittene Gemüse und alle Gewürze zugeben. Soviel Wasser auffüllen, dass das Fleisch bis zur Hälfte bedeckt ist.

In die heiße Herdröhre schieben und bei 220 Grad 1 1/2 Stunden braten lassen. Das Kaninchen wird eigentlich mehr gekocht als gebraten und soll nicht zu braun werden. Das gare Fleisch aus der Pfanne nehmen und warm stellen.

Die Soße samt Gemüse durch ein Haarsieb streichen und mit Wasser oder Fleischbrühe auffüllen. 1 TL Mehl und 3 TL gemahlenen Soßenkuchen in etwas Wasser anrühren und die Soße damit binden. Mit Essig und Zucker schön süßsauer abschmecken. Das Fleisch wieder in die Pfanne legen und die Soße darüber gießen. 75 g gebräunte Butter über das Fleisch geben, den Braten in der Röhre kurz überbräunen und dabei durchziehen lassen. Dazu gibt es Stärkeklöße oder Halbseidene Klöße.

Dieses Rezept liebten schon unsere Urgroßmütter. Es ist weit verbreitet und auch heute noch eine willkommene Abwechslung. Ein Sonntagsbraten aber ist es nicht.

Der große
Weihnachtsbraten

Beim großen Weihnachtsmenü dominiert der Braten mit den guten Thüringer Klößen. Die feinere häusliche Küche reicht dazu noch zweierlei Kraut: Rotkraut und Wirsing. Wird das Rotkraut mit dem abgeschöpften Gänsefett geschmort, schmeckt es besonders fein!

Von Vorsuppen und großartigen Nachspeisen hält der Thüringer an diesem Tag nicht viel; er will sich an Gans oder Karpfen, an Pute oder Wildschwein sattessen, bis er nicht mehr kann.

Später gibt es dann meist noch Kaffee und Stolle.

Weihnachtsgans

1 Gans (ca. 4-5 kg)
40 g Salz
4 Stängel Beifuß
1 kleiner Apfel
1 Zwiebel
2 TL Kartoffelmehl

Rotkraut:
750 g Rotkraut
70 g Gänsefett
1 Zwiebel (ca. 50 g)
20 g Salz
2 Nelken
1/2 Lorbeerblatt
1 Apfel
20 g Zucker
1-2 EL Essig
1 TL Mehl
Salz, Zucker
Essig zum Abschmecken
20 g Speck

Wirsing:
1 Wirsingkohl
1 TL Salz
1 TL Butter, Muskat

Flügel und Hals von der Gans abtrennen und mit Herz, Magen, Leber als Gänseklein weiterverarbeiten. Die gut nachgesehene (Galle entfernen!), gewaschene und trockengetupfte Gans innen und außen einsalzen. Den Beifuß, den ganzen, ungeschälten Apfel (nur die Blüte entfernen!) und die geschälte Zwiebel in den Gänsebauch stopfen und zustecken. (Zunähen ist nicht nötig, wenn man mit der Gans vorsichtig umgeht!)
1/2 Liter heißes Wasser in die Bratpfanne geben und die Gans mit der Brustseite nach unten ins Wasser legen. Zugedeckt bei nicht zu starker Hitze 1 Stunde kochen lassen. Dann die Gans auf den Rücken drehen und die aufgedeckte Pfanne in die vorgeheizte Röhre stellen. Bei 225 Grad die Gans in zwei Stunden gar braten. Zwischendurch ständig Fett abschöpfen und etwas heißes Wasser nachgießen. Nicht zuviel Wasser zugeben, die Gans soll braten, nicht kochen! Wenn die Gans weich ist, muss sie knusprigbraun aussehen. Die gar gebratene Gans herausnehmen und abkühlen lassen. Die Füllung aus der Bauchöffnung entfernen. Die Gans tranchieren in zwei Keulenstücke, zwei Mittelstücke und zwei Bruststücke.
Die portionierte Gans jeweils mit der Hautseite nach oben nochmals in die Pfanne legen, ein wenig Soße dazugeben und in der heißen Röhre überbräunen. 10 Minuten vor dem Essen die Gänsestücke mit kaltem Wasser bepinseln, damit sie knusprig werden.
Die Soße durch ein Sieb in einen kleinen Topf streichen, mit dem in kaltem Wasser angerührten Kartoffelmehl binden und würzig abschmecken.

Das Rotkraut vierteln, dann achteln, den Strunk entfernen und in feine Streifen schneiden. Das abgeschöpfte Gänsefett erhitzen und die geschälte, klein geschnittene Zwiebel darin glasig braten. Das Rotkraut dazugeben. Die Gewürze, den geschälten, gewürfelten Apfel und das Wasser dazugeben. Bei leichter Hitze 1/2 Stunde dünsten. Dann Zucker und Essig hinzugeben, evtl. etwas Wasser nachfüllen und weitere 20 Minuten dünsten lassen. Mit 1 TL Mehl bestäuben, kurz aufkochen lassen und pikant mit Salz, Zucker und Essig abschmecken. Den gewürfelten Speck ausbraten und mit dem Bratfett auf das Rotkraut geben.
Vom Wirsing die oberen schlechten Blätter und den Strunk abschneiden, vierteln, dann achteln und in feine Streifen schneiden. Den Wirsing mit 1/4 l Wasser und 1 TL Salz in 15 bis 20 Minuten weich dünsten. Das Kochwasser abgießen, den Wirsing mit zerlassener Butter begießen und mit einer Spur Muskat würzen.
Beide Gemüse werden getrennt serviert. Dazu gibt es Thüringer Klöße.

Die Gans ist der typische Thüringer Weihnachtsbraten. Gänse werden auch schon um Michaelis geschlachtet.

Wildschweinbraten

1 kg Wildschwein
1/2 l Buttermilch
100 g Räucherbauch, in Scheiben geschnitten
30 g Margarine
2 TL Salz, Pfeffer
80 g Zwiebel
3 zerdrückte Wacholderbeeren
2 Nelken
1/2 Lorbeerblatt
200 ml Rotwein
1 EL Sahne
1 EL Schmand
30 g Möhre
50 g Butter
2 TL Speisestärke
Salz, Pfeffer
Preiselbeeren

Das gewaschene, gesäuberte Fleisch 1-2 Tage in Buttermilch marinieren. Dann das Fleisch abtropfen lassen und trockentupfen.
Margarine in einer Bratpfanne erhitzen und den Räucherbauch hineingeben. Das gesalzene und gepfefferte Wildschweinfleisch auf die Speckscheiben legen und ringsum schön braun anbraten. Die geschälte, halbierte Zwiebel, Wacholderbeeren, Nelken und Lorbeerblatt zufügen und mitbraten. Dabei immer wieder mit etwas heißem Wasser und Rotwein den Bratsatz lösen. Und die Pfannenränder abkratzen. Dann die Flüssigkeit wieder „einbrutzeln“ lassen und den Vorgang wiederholen. Wenn der Bratfond richtig schön braun geworden ist, etwas mehr Wasser zugießen, aufkochen lassen und die Soße in einen kleinen Topf gießen. Das oben schwimmende Bratfett zurück in die Pfanne schöpfen und darin das Sahne-Schmand-Gemisch braun schmoren lassen. Dann die Soße zurückgeben, soviel Wasser und den übrigen Rotwein zufügen, dass der Braten zur Hälfte mit Flüssigkeit bedeckt ist. Die Möhre zugeben. Butter zerlassen und über den Braten gießen. In der vorgeheizten Röhre zugedeckt 1 1/2 Stunden bei 220 Grad garen lassen. Das Fleisch in Scheiben schneiden und auf einer vorgewärmten Platte anrichten. Mit Preiselbeeren garnieren. Die Soße mit etwas kalt angerührter Speisestärke binden, mit Salz und Pfeffer abschmecken. Durch ein Sieb gießen.
Dazu isst man natürlich Klöße und Rotkraut.

Apfel-Sahne-Creme

250 g ungesüßtes Apfelmus
5 EL Zucker
1 Msp. Zimt
2 EL Zitronensaft
1 gestrichener TL Gelatine
2 EL Rum
2 EL Zitronensaft
250 g Schlagsahne
1 Päckchen Vanillezucker
2 EL gemahlene Haselnüsse

Das Apfelmus mit 3 EL Zucker süßen, Zimt zugeben. Die Gelatine in dem erhitzten Rum und dem Zitronensaft auflösen. Unter das Apfelmus rühren. Die Sahne mit dem Vanillezucker steifschlagen und unterziehen. Die Creme in Portionsschalen geben und kühl stellen. 2 EL Zucker mit den gemahlenen Haselnüssen unter ständigem Rühren in trockener Pfanne rösten. Damit die Creme bestreuen.

Süße Sachen

Gerade unter den Süßspeisen sind stärker als in anderen Kapiteln dieses Buches traditionelle Speisen zu finden: So ist der Kirschenmichel ein herrlich schmeckender Auflauf aus genau aufeinander abgestimmten Zutaten.

Die Kartoffeldetscher werden noch heute gleich auf der blanken Herdplatte gebacken. Von der Grünen Bulz und der Bröckelbulz schwärmen vor allem die Älteren ...

Allerdings sind Süßspeisen nicht so zahlreich wie andere Gerichte. Da die Thüringer das Kuchenbacken und Kuchenessen lieben und gern ausgiebig vespern, bevorzugen sie mittags herzhafte Speisen.

Kirschenmichel

6 Brötchen
1/2 l Milch
4 Eigelb
5 EL Zucker
75 g geriebene Mandeln
1 EL Mehl
2 EL Margarine
1 Msp. Backpulver
1 EL Zitronensaft
4 Eiweiß, 1 Msp. Salz
3/4-Liter-Glas Süßkirschen oder frische Kirschen
1/2 l Milch
1 Päckchen Vanillesoßenpulver

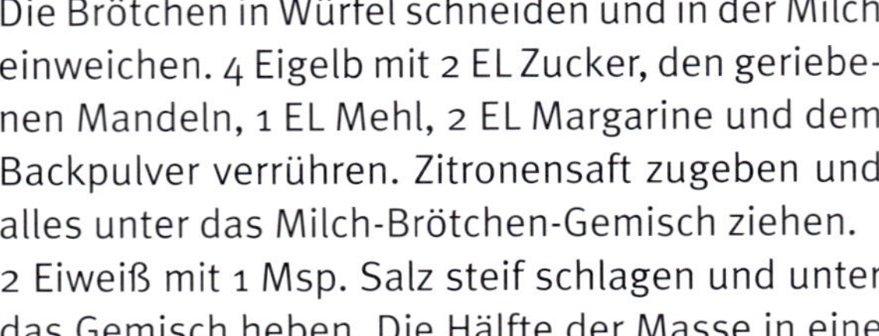

Die Brötchen in Würfel schneiden und in der Milch einweichen. 4 Eigelb mit 2 EL Zucker, den geriebenen Mandeln, 1 EL Mehl, 2 EL Margarine und dem Backpulver verrühren. Zitronensaft zugeben und alles unter das Milch-Brötchen-Gemisch ziehen.
2 Eiweiß mit 1 Msp. Salz steif schlagen und unter das Gemisch heben. Die Hälfte der Masse in eine gut gefettete Auflaufform geben, die frischen oder gut abgetropften Konservenkirschen darauf legen und mit dem Rest der Masse bedecken.
Im vorgeheizten Ofen bei 200-220 Grad 30 bis 40 Minuten backen.
In der Zwischenzeit die restlichen 2 Eiweiß einer Prise Salz steif schlagen und dabei allmählich 3 EL Zucker zugeben. Diese steife Schaummasse auf den fast fertigen Auflauf streichen und weitere 10-15 Minuten bei 175 Grad backen, bis die Schaummasse allmählich bräunlich wird. Backröhre abschalten und noch 5 Minuten im Herd lassen.
Zum warmen Kirschenmichel wird kalte Vanillesoße gereicht.

Kartoffeldetscher

(ca. 15 Stück)
Historisches Rezept

400 g Pellkartoffeln
250-300 g Mehl, 1 Ei
1/2 TL Salz
75-100 g Butter
75-100 g Zucker

Tipp: Bei der modernen Variante der Kartoffeldetscher lässt man das Ei weg und reduziert dadurch die Mehlmenge.
In einer antihaftbeschichteten Pfanne benötigt man auch nur ganz wenig Öl.

Die in der Schale gekochten Kartoffeln abpellen und noch warm durch eine Kartoffelquetsche drücken. Mit Mehl, Ei, Salz vermengen und einen Teig kneten. Den Teig halbieren. Jede Hälfte dünn ausrollen und daraus etwa 10 x 15 cm große Stücke schneiden. Die Detscher bei mittlerer Hitze in einem gusseisernen Tiegel oder in einer Antihaftpfanne langsam backen, bis sie Blasen bekommen. Dann wenden und auf der anderen Seite ebenso backen. Früher wurden die Detscher gleich auf der heißen Herdplatte gebacken. Besitzer eines Elektroherdes können es auf der großen Kochplatte versuchen.
Jeden fertigen Detscher sofort mit zerlassener Butter bestreichen, reichlich Zucker darüber streuen und in einer vorgewärmten Schüssel übereinanderschichten. So verfahren, bis alle Detscher gebacken sind. Dabei zügig arbeiten, der Kartoffel-Mehlteig wird weich, wenn er zu lange liegt.
Die Schüssel mit den Detschern kommt auf den Tisch, jeder bedient sich. Dabei werden die Stücke zusammengerollt. Messer und Gabeln sind dabei verpönt. Dazu gibt es schwarzen Kaffee.

Das ist ein uraltes Rezept unserer Urgroßmütter. Es war eine solche Köstlichkeit, dass man früher noch zu nächtlicher Stunde mit der süßen Leckerei überraschte. Damals wurden die Detscher auf der heißen Herdplatte des Küchenofens gebacken. In einigen Gegenden werden heute noch Kartoffeldetscheressen mit der ganzen Verwandtschaft veranstaltet.

Thüringer Kartoffelpuffer

2,5 kg Kartoffeln, 2 EL Mehl
2 Eier, 2 TL Salz
1 kleine Zwiebel
Öl zum Braten
Zucker zum Bestreuen
Apfelmus, Preisel- und Heidelbeeren
Johannisbeeren mit Kaffeesahne und Zucker

Die Kartoffeln schälen, so dass ca. 2 kg geschälte rohe Kartoffeln übrig bleiben. Die so vorbereiteten Kartoffeln grob reiben, ein paar Löffel von dem austretenden Kartoffelwasser abschöpfen. Mehl, Eier, Salz und geschälte, geriebene Zwiebel unterrühren. In einem breiten Tiegel wenig Öl erhitzen. Mit der Schöpfkelle immer drei handtellergroße Puffer nebeneinander setzen. Auf beiden Seiten knusprig braun braten.
Dazu gehören Apfelmus, auch Heidel- oder Preiselbeeren. Beliebt ist ebenfalls, rote und schwarze Johannisbeeren, mit Kaffeesahne und Zucker angerichtet dazu zu reichen. Über die Puffer wird meist etwas Zucker gestreut.

Eierkuchen

4 Eier, 1/2 l Milch
1/4 TL Salz, 1 TL Zucker
175 g Mehl
Öl zum Braten
Apfelmus oder Konfitüre

Die Eigelb von den Eiweiß trennen. Die Eigelb mit der Milch, Salz und Zucker verrühren und nach und nach unter Schlagen in das Mehl gießen. Den steif geschlagenen Eischnee unterziehen. In einer Stielpfanne wenig Öl erhitzen und nacheinander immer eine Schöpfkelle voller Eierkuchenteig langsam in die Pfanne geben, gleichmäßig verteilen und goldgelb von beiden Seiten backen.
Dazu Zucker, Apfelmus oder Konfitüre reichen. Die Eierkuchen damit bestreuen oder bestreichen. Dazu schmecken auch gezuckerte Heidelbeeren oder Preiselbeeren.

Ein leichtes Essen für Leckermäulchen! Früher wurde vor den Eierkuchen immer eine Suppe zur Sättigung gereicht.

Quarkkeulchen mit Heidelbeeren

750 g Pellkartoffeln
250 g trockener Quark
40 g Mehl, 1/4 TL Backpulver
40 g Grieß, 65 g Zucker
50 g Rosinen, 2 Eier, Salz
Öl zum Braten
3 EL Zucker, 1 TL Zimt
Heidelbeeren oder anderes frisches Beerenobst mit Milch bzw. Apfelmus

Kartoffeln noch warm pellen, zerquetschen und mit dem Quark verkneten. Dabei Mehl, Backpulver, Grieß, Zucker, Rosinen und die zwei Eigelb zugeben und unterkneten. Die mit einer Prise Salz steifgeschlagenen Eiweiß vorsichtig unterheben. Mit bemehlter Hand flache Plätzchen formen und in heißem Öl langsam von beiden Seiten knusprig braten. Bei nicht zu großer Hitze braten, damit sie richtig durchgebacken sind, dabei außen aber nicht schwarz werden. Den Teig zügig verarbeiten, weil er schnell weich und klebrig wird.
Zucker mit Zimt mischen und über die Quarkkeulchen streuen. Dazu das frische Obst servieren.

Apfelschwenker mit Fruchtsosse

(für 3 Personen 12-14 Schwenker)

3 Äpfel, 1 EL Zucker
1 Tasse Milch, 2 Tassen Mehl
2 Eier, 1 Prise Salz
Öl zum Backen

Für die Fruchtsosse:
100 g frische Himbeeren (oder TK)
100 ml Wasser, 1 EL Zucker
1/2 TL Speisestärke

Die geschälten Äpfel in kleine Würfel schneiden und einzuckern. Milch mit Mehl und Salz gut verquirlen. Nun die Eier unterquirlen und die Apfelstückchen unterrühren. Davon 6-7 EL in einen großen Tiegel mit heißem Öl geben und während des Backens 1-2 mal hin und her schwenken, umdrehen und weiter backen, bis die Apfelschwenker schön gebräunt sind.
Auf eine Platte legen, mit Zimtzucker bestreuen und eine Fruchtsoße (Fertigprodukt oder selbst gemacht) dazu reichen.
Für die Soße Himbeeren mit Wasser und Zucker zerkochen, mit Stärke leicht binden. Wer die Kernchen nicht mag, passiert die Soße durch ein Sieb.

Hefeklösse mit Speck und Heidelbeeren

500 g Mehl
40 g Hefe
200 ml Milch
3 EL zerlassene Margarine
2 EL Zucker
2 Eier
1/4 TL Salz
75 g Speck
75 g Butter

Das Mehl in eine Schüssel sieben und eine Vertiefung hineindrücken. Die Hefe in der lauwarmen Milch verquirlen. In die Mitte gießen und zunächst mit einem Teil des Mehls verrühren, dann alle übrigen Zutaten (Margarine, Zucker, Eier, Salz) hinzufügen und den Teig tüchtig schlagen. Mit bemehlten Händen Klöße – so groß wie kleine Äpfel – formen. Die Klöße auf ein bemehltes Blech legen und an einem warmen Ort ca. 1 Stunde aufgehen lassen.
In einem großen Topf reichlich Salzwasser zum Kochen bringen. Die Klöße hineingeben und 5 Minuten kochen lassen, dann wenden und nochmals 5 Minuten kochen lassen. Die Klöße werden doppelt so groß wie vorher. Mit einer Lochkelle die garen Klöße herausnehmen, sofort auf einen Teller legen und mit einer Gabel aufreißen (so fallen sie nicht zusammen). Den gewürfelten Speck in der heißen Butter ausbraten und die knusprigen Speckwürfel über die aufgerissenen Hefeklöße geben. Dazu gibt es Heidelbeerkompott.

Eine pikante, typisch Thüringer Mahlzeit.

Griessbrei

2 l Milch, 1/2 TL Salz
12 EL Grieß
6 EL Zucker
1 gehäufter TL Zimt
50 g Butter

Milch mit Salz erhitzen und den Grieß unter Rühren einrieseln lassen (den Grieß nicht zuvor anrühren, er wird sonst „leimig“!). Unter Rühren einige Sekunden kochen lassen. Vorsicht, der Brei brennt leicht an! Den Grießbrei auf tiefen Tellern anrichten. Den Zucker mit dem Zimt mischen und den Brei damit bestreuen. Die Butter bräunen und über den Grießbrei geben.

Ein schnell zubereitetes Gericht bei Zeitnot, aber auch sehr beliebt nach einem vorangegangenen üppigen Festmahl.

Bröckelbulz oder Schustertorte

500 g gekochte und geschälte Kartoffeln
10 g Salz
50 g Butter oder Margarine

Die Kartoffeln durch die Kartoffelquetsche pressen und mit Salz vermischen. Butter oder Margarine in einem großen Tiegel erhitzen und die Kartoffelmasse etwa 2-3 cm hoch in den Tiegel drücken. Im erhitzten Fett zuerst auf einer Seite schön goldbraun braten, dann vorsichtig wenden und auf der anderen Seite braten.

Früher kam mitten auf den Tisch ein großer runder Kuchendeckel. Darauf wurden 3, 4 oder auch mehr Bulztiegel gekippt. Dazu gab es süßen Milchkaffee. Das war eine Köstlichkeit. Es machte auch Spaß, wenn 6 oder 10 Leute rings um den großen Tisch saßen und an der Bulz zupften. Ab und zu wird sie auch heute noch gebacken, vor allem dann, wenn Kartoffeln vom Mittagessen übrig geblieben sind.

Grüne Bulz

2,5 kg Kartoffeln
3/8 l Milch, 2 TL Salz
30 g Margarine
125 g Speck

Ein Rezept unserer Urgroßmütter, das noch heute sehr beliebt ist.

Die rohen Kartoffeln schälen und reiben. Den Reibrich auf Sieben abtropfen lassen. Evtl. mit dem Quirl nachhelfen oder im Kartoffelsack auspressen. Es bleibt etwa ein Drittel Kartoffelmasse übrig, also ca. 1 kg. Diese Masse in eine ausreichend große Schüssel geben und mit der kochenden Milch überbrühen. Salz darunter rühren. Im Tiegel die Margarine erhitzen und den gewürfelten Speck darin ausbraten. Etwa die Hälfte der Speckwürfel beiseite stellen. Die Kartoffelmasse einfüllen und andrücken. Auf der unteren Seite schön braun braten, dann wenden und auf der anderen Seite weiter braten. Zuletzt die Bulz in Stücke reißen und zu Ende braten, so dass mehrere knusprige Teile entstehen. Die restlichen Speckwürfel darübergeben und servieren.
Dazu gibt es Heidelbeeren, Preiselbeeren oder Apfelmus.

Semmelmilch

4 Semmeln
1/4 TL Salz
2 TL Zucker
1 l Milch

Die Semmeln in Scheiben schneiden und in eine Schüssel legen. Salz und Zucker darüberstreuen. Die Milch zum Kochen bringen und die Semmelscheiben damit überbrühen. Kalt werden lassen. Gut gekühlt servieren.

Semmelmilch wurde immer zu Himmelfahrt zubereitet. Es wird draußen langsam warm und jeder verlangt nach etwas Kühlem. Auch an ganz heißen Sommertagen ist Semmelmilch ein Hochgenuss.

Rezept-verzeichnis

DIE THÜRINGER KÜCHENBIBLIOTHEK

Fragen Sie in Ihrer Buchhandlung oder bestellen Sie auf unserer Homepage
www.buchverlag-fuer-die-frau.de

Alle Bände 16,5 cm x 20 cm, Farbfotos, gebunden.

Feines Gebäck in Thüringer Art
ISBN 978-3-932720-55-0

Genießen in Thüringen
ISBN 978-3-89798-300-7

Gute Thüringer Landrezepte
ISBN 978-3-89798-646-6

Kochen und Backen in Thüringen
ISBN 978-3-932720-56-7

Leichte Torten & Lieblingsspeisen
ISBN 978-3-89798-647-3

Mein Thüringer Rezeptschatz
ISBN 978-3-89798-480-6

Meine Thüringer Küche
ISBN 978-3-89798-648-0

Neue Köstlichkeiten
ISBN 978-3-89798-394-6

Plauderei an der Thüringer Kaffeetafel
ISBN 978-3-89798-344-1

Schnelle Thüringer Küche
ISBN 978-3-932720-30-7

Thüringer Allerlei
ISBN 978-3-89798-644-2

Thüringer Festtagskuchen
ISBN 978-3-932720-31-4

Thüringer Landküche
ISBN 978-3-89798-645-9

Neue Thüringer Festtagskuchen & mehr
ISBN 978-3-89798-649-7